예비 고등~고등3

수능 개념을 바탕
으로 실전 감각을
길러요

**국어, 독서, 문학,
고난도 독서, 고난도 문학 등**
기출 개념을 익히고
학습하는 수능 예상 문제집

**독서 기본, 독서,
문학 기본, 문학 등**
기출로 실전 감각을
키우는 기출문제집

예비 중등~중등3

영역별 독해 전략을
바탕으로 독해력을
강화해요

비문학 1~3권
독해력을
단계별로 단련하는
중등 독해

어휘편 1~3권
중등 전 과목
교과서 필수
어휘 학습

문학편 1~3권
감상 스킬을
단련하는
필수 작품 독해

초등3~예비 중등

본격적으로
학습 독해 실력을
쌓아요

**비문학 시작편
1~2권**
초등에서
처음 만나는
수능 독해의 기본

비문학 1~2권
초등 독해의
넥스트레벨
고급 독해

문학 1~3권
시험에
꼭 나오는
작품 독해

세상이 변해도
배움의 즐거움은
변함없도록

시대는 빠르게 변해도
배움의 즐거움은
변함없어야 하기에

어제의 비상은
남다른 교재부터
결이 다른 콘텐츠
전에 없던 교육 플랫폼까지

변함없는 혁신으로
교육 문화 환경의 새로운 전형을
실현해왔습니다.

비상은 오늘, 다시 한번
새로운 교육 문화 환경을 실현하기 위한
또 하나의 혁신을 시작합니다.

오늘의 내가 어제의 나를 초월하고
오늘의 교육이 어제의 교육을 초월하여
배움의 즐거움을 지속하는 혁신,

바로, 메타인지 기반 완전 학습을.

상상을 실현하는 교육 문화 기업 비상

메타인지 기반 완전 학습
초월을 뜻하는 meta와 생각을 뜻하는 인지가 결합한 메타인지는
자신이 알고 모르는 것을 스스로 구분하고 학습계획을 세우도록 하는
궁극의 학습 능력입니다. 비상의 메타인지 기반 완전 학습 시스템은
잠들어 있는 메타인지를 깨워 공부를 100% 내 것으로 만들도록 합니다.

초등

수능
독해

비문학 | 시작편1

이렇게 공부해요!

구성과 특장

수능 시험은 학교 시험과 달라서 글을 독해하는 연습을 미리 해 두지 않으면 포기하기 쉬워요.

여러분이 미리 수능을 연습할 수 있는 책이 바로 **초등 수능독해 비문학 시리즈**랍니다.

초등 수능독해 비문학 '시작편'은 초등 3~4학년이 비문학 지문을 경험하고 연습할 수 있는 책이에요.

초등 수능독해 비문학 시리즈 를 완벽하게 활용하는 방법

비문학 1~2

1,200자 정도의
긴 지문

예비 중학생
~ 중학생
수준의 어휘

★ 인문·사회·과학·기술·예술 영역으로 단원을 구성하여 집중적으로 고난도 지문을 독해합니다.
★ 각 지문에서 반드시 파악해야 하는 핵심 내용을 알고, 이 내용이 문제로 어떻게 출제되는지 확인합니다.

비문학 시작편 1~2

1,000자 정도의
짧은 지문

초등 고학년
~ 예비 중학생
수준의 어휘

★ 매주마다 인문·사회·과학·기술·예술 영역의 여러 가지 주제를 다룬 지문을 골고루 독해합니다.
★ 기초 독해 원리를 익히고, 지문에 적용하며 핵심 내용을 정리하는 연습을 합니다.

초등 수능독해 비문학 시작편 을 완벽하게 활용하는 방법

매일

어휘 학습 → 지문 독해 학습 → 문제 확인

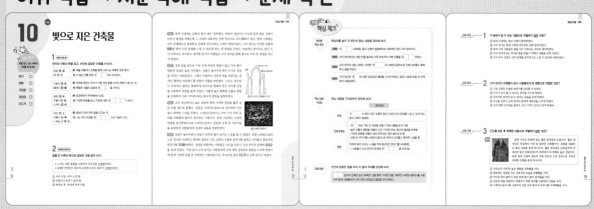

어휘 체크▶ 지문에 사용된 중요 어휘를 미리 학습하고 어휘의 뜻을 추측하는 방법을 연습합니다.

독해 지문▶ 각종 평가와 중등 교과에서 다루어지는 내용을 초등학생 수준에 맞춰 다듬은 지문을 읽으며 글을 파악합니다.

독해 핵심 체크▶ 문단별 핵심 정리, 핵심 내용 구조화, 주제 확인 활동을 해 봅니다. 빈칸을 채우며 지문을 제대로 독해했는지 확인합니다.

독해 문제▶ 내용 확인 문제, 내용 추론 문제, 내용 비판 문제, 어휘 이해 문제를 풀어 봅니다.

매주

어휘로 마무리

어휘로 마무리▶ 5개의 지문을 학습한 후, 각 지문의 어휘 체크에 나온 25개 어휘들을 복습하며 독해의 기초인 어휘를 확인해 봅니다.

정답과 해설

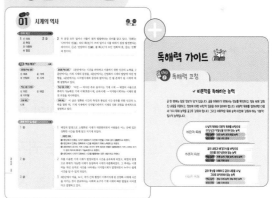

독해력 가이드▶ 잘 틀리는 문제 유형을 확인하고, 어떻게 하면 지문을 제대로 읽고 바르게 문제를 풀수 있는지 알아봅니다.

정답과 해설▶ 정확한 문제 해설, 오답인 이유, 보기 해설까지 꼼꼼하게 확인해 봅니다.

차례

초등 수능독해 비문학 시작편 1~2에는 각 20개 지문이 실려 있어요.
매주마다 인문·사회·과학·기술·예술 지문을 하나씩 독해해서
한 달에 20개 지문을 꾸준히 학습해 봐요.

비문학 시작편❷ 수록 지문

01 인문 외국에서 들어온 작물
02 사회 지구 온난화의 위협
03 과학 대륙의 이동
04 기술 공기 청정기의 작동 원리
05 예술 대중과 가까운 팝 아트
06 인문 언어의 본질
07 사회 기업의 사회적 책임
08 과학 백신의 원리와 기능
09 기술 바코드의 진화, QR코드
10 예술 수원 화성 건축의 특징

11 인문 휴리스틱의 영향
12 사회 발명가의 권리, 특허
13 과학 수면과 뇌 기능
14 기술 신재생 에너지의 필요성
15 예술 종묘 제례악
16 인문 행복의 의미
17 사회 식량 문제 어떻게 해결할까
18 과학 물체를 띄우는 힘
19 기술 고층 건물의 설계
20 예술 발레의 시대적 변화

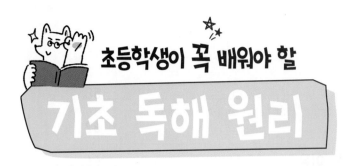

초등학생이 꼭 배워야 할

기초 독해 원리

기초 독해 원리 ①

핵심어 찾기

핵심어는 글에서 중심이 되는 단어예요. "무엇에 대해 설명하는 글이다."라고 할 때 바로 '무엇'에 해당하는 단어이지요. 핵심어는 보통 첫 문단부터 나오고, 그 글에서 반복해서 나와요. 글을 읽으면서 반복해서 나오는 단어가 무엇인지 찾아보세요.

> **1문단** 조선 시대에 '선비'는 사회를 이끌어 나가는 지도 계층이었다. 선비는 조선 시대의 신분 중에서도 가장 높은 사대부 계층이었다. 하지만 사대부라고 해서 모두 선비가 될 수 있는 것은 아니었다. 조선 시대에 선비는 학식이 높고 고결한 인품을 가진 사람만 들을 수 있는 호칭이었다. 선비라는 호칭에는 모범이 되고 명성을 얻은 인물에 대한 존경의 뜻이 담겨 있었다.

↘ 이 글의 1문단에는 '선비'라는 단어가 자주 나오지요? '선비'라는 핵심어와 연관된 내용이 나올 것을 알 수 있어요.

기초 독해 원리 ②

문단 중심 내용 파악하기

글은 여러 문단으로 되어 있고, 각 문단마다 중심 내용이 있어요. 문단에서 핵심어와 관련된 내용 중에 가장 중요하게 이야기하는 내용을 파악해 보세요. 문단의 가장 첫 문장과 가장 마지막 문장에 중심 내용이 자주 나오기도 해요.

> 핵심어를 넣어 각 문단의 중심 내용을 정리해 보자.
>
> **1문단** 조선 시대에 1 ☐☐ 는 학식이 높고 고결한 인품을 가진 사람에 대한 호칭이었다.
>
> **2문단** 선비는 선비답게 행동해야 하는 2 ☐☐ 가 있었다.
>
> **3문단** 선비는 임무를 해내기 위해 끊임없이 학문과 마음을 3 ☐☐ 했다.
>
> **4문단** 조선 시대에는 4 ☐☐ 과 곽재우처럼 백성들의 존경을 받는 선비들이 많았다.

↘ 이 글의 1문단에서는 '선비'가 어떤 사람인지를 설명하고 있어요. 이런 내용이 잘 드러난 중심 문장을 찾으면 중심 내용을 파악할 수 있어요.

독해력은 글을 읽기만 해서는 기를 수 없어요.
독해 원리를 적용해서 내용을 파악하며 읽어야 독해력을 기를 수 있어요.
초등학교부터 독해 원리를 적용해서 글을 읽는 습관을 들이면
중학교, 고등학교에서 배울 어려운 지문도 문제없이 독해할 수 있어요.

기초 독해 원리 ③

글 전체의 핵심 내용 파악하기

각 문단의 중심 내용이 이어지는 흐름을 보면, 전체 내용이 어떻게 전개되는지 파악하기 쉬워요. 앞뒤 문단이 핵심어에 대해 차례대로 설명하는지, 공통점이나 차이점을 제시하는지 등을 구조화하여 정리해 보세요.

> 핵심 내용을 구조화하여 정리해 보자.
>
> ### 조선 시대의 '선비'
>
> | | |
> |---|---|
> | 선비의 의미 | 사회 **①** ☐☐ 계층으로, 학식이 높고 고결한 인품을 가진 사람 |
> | 선비의 임무 | • **②** ☐☐ 규범을 실천해서 모범을 보여야 함.
• 권력자의 부당한 행동을 감시하고, 올바른 사회를 만들어야 함.
• 청렴하게 생활하며 유교 규범을 널리 펼쳐 사람들을 깨우쳐야 함. |
> | 선비의 수양 방법 | • **③** ☐☐ 를 통해 학문을 수양하여 지식을 쌓고 세상의 이치를 깨달음.
• 온화한 인품과 굳센 신념을 갖기 위해 마음을 수양함. |

↳ 문단별 중심 내용을 보면, 이 글은 선비의 의미와 임무, 그리고 선비가 자신을 다듬는 방법에 대한 정보를 차례로 설명했음을 알 수 있어요.

기초 독해 원리 ④

글의 주제 파악하기

주제는 글쓴이가 글에서 최종적으로 전달하려는 핵심 내용이에요. 주제를 찾으려면 파악한 핵심어와 문단 중심 내용을 정리하여 한 문장으로 써 보세요. 마지막 문단에 주제가 자주 나오니 글을 마지막까지 잘 읽으세요.

> 빈칸에 알맞은 말을 써서 이 글의 주제를 완성해 보자.
>
> 조선 시대의 선비는 사회 지도 계층으로, 선비의 임무를 행하고 학문과 마음을 ☐☐ 하여 백성에게 모범이 되었다.

↳ 핵심어인 '선비'를 넣어 이 글 전체에서 말하는 내용을 한 문장으로 표현하면 주제가 됩니다.

1주차

주간 학습 계획표

배울 내용	독해 난도	학습 날짜	학습 확인
정확한 시간 측정, 다른 사람과의 시간 공유, 산업화와 같은 사회적 요구에 따라 진화한 시계의 발달 과정을 설명하는 글입니다.	초4 초5 초6	월 일	
중등 교과 제재 전자 폐기물의 불법 거래와 이로 인한 문제점을 설명하는 글입니다.	초4 초5 초6	월 일	
극지방 개발의 다양한 장점을 제시하며 극지방 개발에 적극적으로 참여할 것을 주장하는 글입니다.	초4 초5 초6	월 일	
중등 교과 제재 개인 정보의 보안이 중요해지면서 주목받고 있는 생체 인식 기술에 대해 설명하는 글입니다.	초4 초5 초6	월 일	
중등 교과 제재 동양화와 서양화의 특성을 다양한 측면에서 비교하며 설명하는 글입니다.	초4 초5 초6	월 일	

매일 공부를 마치면, 학습 확인 칸에 ○표를 하세요.

01 시계의 역사

인문

☑ 어휘 체크

뜻을 알고 있는 어휘에
V표를 해 보세요.

태초 ☐

측정 ☐

대중화 ☐

협업 ☐

진화 ☐

1 한자로 어휘 알기

한자와 어휘의 뜻을 읽고, 빈칸에 알맞은 어휘를 써 보자.

크다 **태** 太 · 처음 **초** 初	뜻 하늘과 땅이 생겨난 맨 처음. 예 **1** ☐☐ 에 바다가 만들어지고 생명체가 생겼다.
재다 **측** 測 · 정하다 **정** 定	뜻 일정한 양을 기준으로 하여 같은 종류의 다른 양의 크기를 잼. 예 도시의 공기 오염 정도를 **2** ☐☐ 하였다.
크다 **대** 大 · 무리 **중** 衆 · 되다 **화** 化	뜻 대중 사이에 널리 퍼져 친숙해짐. 예 스마트폰이 **3** ☐☐☐ 되면서 삶의 방식도 새롭게 변하였다.
돕다 **협** 協 · 일 **업** 業	뜻 많은 노동자들이 협력하여 계획적으로 노동하는 일. 예 우리는 다른 회사와 **4** ☐☐ 해서 더 많은 제품을 생산했다.

2 문장에서 어휘 알기

밑줄 친 어휘의 뜻으로 알맞은 것을 골라 보자.

- 통신 장비가 진화하여 인터넷 속도가 빨라졌다.
- 과학 수사 기법의 진화로 이전보다 쉽게 범인을 찾아낸다.

① 불이 난 것을 끔.
② 어떤 일을 해 나감.
③ 일이나 사물 따위가 점점 발달하여 감.

1문단 시간을 파악하고 이용하려는 인류의 노력은 **태초**부터 이어져 왔다. 해시계나 물시계 등 최초의 시계가 발명되기 이전부터 인류는 자연이라는 시간의 틀 안에서 생활했다. 새벽 동이 틀 때 약속을 정하고, 하늘이 어두워지면 귀가하는 등 자연이 시계 역할을 한 것이다. 인류는 정확하게 시간을 **측점**하고 통일된 시간을 공유하기 위해서 끊임없이 노력해 왔지만, 비교적 최근에 와서야 이러한 일들이 가능해졌다.

2문단 지금과 같이 시, 분을 따지며 본격적으로 시간을 활용하게 된 것은 기계 시계가 나오고부터이다. 기계 시계가 처음 나왔을 때에는, 커다란 추가 좌우로 움직이면서 시간을 측정했기 때문에 시계의 크기가 무척 컸다. 큰 시계를 마을 중앙의 높은 탑이나 교회 건물에 걸어 놓으면서 비로소 모든 사람이 같은 시간을 공유할 수 있게 되었다. 그러다 '태엽'이라는 새로운 장치가 발명되면서 시계의 크기가 점차 작아져 휴대가 가능해졌다. 회중시계는 16세기부터 18세기 사이 전 세계로 퍼졌고, 손목시계는 19세기 초에 등장하여 20세기에 널리 사랑받으며 시계의 **대중화**를 이끌었다.

3문단 이렇게 기계 시계의 빠른 발전이 이루어지게 된 데에는 산업화의 영향이 크다. 산업화 시대가 열리면서 한 마을을 넘어 도시, 국가 단위의 **협업**이 늘어났고 그에 따라 모두가 정확한 시간을 함께 알고 지키는 것이 중요해졌다. 시간을 어기는 일은 누군가에게 피해를 주는 부도덕한 일이 되고, 시간을 낭비하는 일은 손해를 보는 게으른 일이 된 것이다. 따라서 시간을 지키기 위해 정확하고 간편한 시계가 필요했고, 이런 사회적 요구가 시계의 발달로 이어진 것이다.

4문단 이제는 시곗바늘 대신 숫자로 시간을 나타내는 디지털시계의 등장으로 누구나 쉽고 정확하게 시간을 알 수 있다. 시간을 측정하는 도구인 시계는 우리 삶에 없어서는 안 될 존재가 되었다. 하지만 이러한 시계의 **진화**에도 불구하고 시간을 어떻게 활용할 것인가는 여전히 시계가 아닌 사람인 우리의 몫으로 남아 있다.

'산업화'는 무엇일까? 농업 중심의 사회에서 공업 및 서비스업 중심의 사회로 변화하는 것을 의미한다. 산업화 사회의 특징은 생산 활동의 기계화와 분업화이다. 기계화는 사람 대신 기계를 이용하여 제품을 대량 생산하는 것이고, 분업화는 생산의 모든 과정을 전문적인 부문으로 나누어 여러 사람이 분담하여 일을 완성하는 것이다.

문단별
핵심 정리

핵심어를 넣어 각 문단의 중심 내용을 정리해 보자.

1문단 시간을 파악하고 이용하려는 인간의 노력은 **1** ☐☐ 부터 이어져 왔다.

2문단 **2** ☐☐ 시계가 발명되면서 인간은 본격적으로 시간을 활용하기 시작했다.

3문단 **3** ☐☐☐ 시대가 되면서 사회적 요구에 따라 기계 시계의 발전이 이루어졌다.

4문단 디지털시계로까지 진화한 **4** ☐☐ 는 우리 삶에서 없어서는 안 될 존재가 되었다.

핵심 내용
구조화

핵심 내용을 구조화하여 정리해 보자.

시계의 진화 과정

1 ☐☐ 이 시계 역할을 함.

↓

기계 시계의 등장으로 정확한 시간 측정이 가능해짐.

↓

2 ☐☐ 의 발명으로 시계를 휴대할 수 있게 되면서 시계가 대중화됨.

↓

3 ☐☐☐ 시계의 등장으로 누구나 쉽게 시간을 알 수 있게 됨.

주제 확인

빈칸에 알맞은 말을 써서 이 글의 주제를 완성해 보자.

정확한 시간을 다른 사람과 공유하고자 하는 인간의 노력과 산업화라는 사회적 요구에 따라 ☐☐ 는 진화해 왔다.

1 **이 글의 내용과 일치하지 않는 것은?**

① 사람들은 태초부터 시간의 틀 속에서 생활하였다.
② 사람들은 정확한 시간을 측정하기 위해 노력해 왔다.
③ 처음의 기계 시계는 크고 무거웠으나 크기가 점점 작아졌다.
④ 시간을 어떻게 활용할 것인지는 시계가 아닌 사람에게 달려 있다.
⑤ 시계가 대중화된 후부터 사람들은 시간을 서로 다르게 측정하였다.

2 **시계의 발전 과정을 차례대로 나타낸 설명 중 적절하지 않은 것은?**

① 해시계와 같이 자연물을 이용하여 시간을 쟀다.

② 커다란 추를 이용해 시간을 재는 기계 시계가 발명됐다.

③ 휴대가 가능한 회중시계가 등장했다.

④ 손목에 차고 다닐 수 있는 손목시계가 생겼다.

⑤ 시곗바늘을 이용한 시계가 발명됐다.

3 **이 글의 내용으로 보아, 기계 시계가 빠르게 발전하게 된 계기로 적절한 것은?**

① 시계의 크기에 따라 달라지는 시간
② 산업화로 인한 정확한 시간 공유의 필요성
③ 시간의 틀에서 벗어나고 싶은 사람들의 요구
④ 시계 외에 시간을 측정할 수 있는 도구의 발명
⑤ 시간을 지키지 않거나 낭비하는 사람들의 증가

02 ^{사회} 버려진 전자 제품의 행방

1 한자로 어휘 알기

한자와 어휘의 뜻을 읽고, 빈칸에 알맞은 어휘를 써 보자.

폐하다 **폐 廢**
버리다 **기 棄**

> 뜻 못 쓰게 된 것을 버림.
> 예 도서관에서는 찢어진 책을 모아 **1** ☐☐ 했다.

돕다 **협 協**
맺다 **약 約**

> 뜻 어떤 문제를 서로 이익이 되게 하려고 여럿이 의논하여 약속하는 것.
> 예 두 나라는 전쟁을 하지 않기로 **2** ☐☐ 을 맺었다.

있다 **유 有**
해롭다 **해 害**

> 뜻 해로움이 있음.
> 예 모기는 사람에게 **3** ☐☐ 한 곤충이다.

엄하다 **엄 嚴**
격식 **격 格**

> 뜻 말, 태도, 규칙 따위가 매우 엄하고 철저함. 또는 그런 품격.
> 예 국가 대표는 **4** ☐☐ 한 기준에 따라 선발된다.

2 문장에서 어휘 알기

밑줄 친 어휘의 뜻으로 알맞은 것을 골라 보자.

- 그의 옷차림은 항상 유행의 <u>첨단</u>을 걷는다.
- 경쟁에서 살아남으려면 <u>첨단</u> 기술을 개발해야 한다.

① 이미 있는 것에 덧붙이거나 보탬.
② 높이, 수준, 등급, 정도 따위의 맨 아래.
③ 유행, 기술, 학문 등의 변화에서 가장 앞서 나가는 것.

1문단 쓰던 전자 제품이 고장 나거나 **첨단** 기능을 지닌 전자 제품이 나오면 우리는 사용하던 전자 제품을 새것으로 교체한다. 이때 버려진 전자 제품은 전자 폐기물이 되는데, 그 양이 매년 5,000만 톤에 이른다. 특히 휴대 전화처럼 교체 주기가 짧은 전자 제품은 빠르게 전자 폐기물이 된다. 전자 폐기물은 나날이 늘어나고 있는데, 전자 폐기물을 처리하는 방법은 간단하지 않다. 전자 폐기물은 과연 어디로 가서 어떻게 처리될까?

2문단 전자 폐기물은 규정에 따라서 재활용하거나, 땅속에 묻거나 불에 태워 **폐기**해야 한다. 그러나 일부 선진국은 환경적·경제적 부담을 줄이기 위해 개발 도상국에 전자 폐기물을 불법으로 수출한다. 1989년에 바젤 **협약**에서 **유해** 폐기물의 국가 간 이동을 제한하였으나, 최근까지도 여러 나라에서 전자 폐기물이 거래되고 있다.

3문단 개발 도상국은 전자 폐기물에서 금속 자원을 얻을 수 있다는 이유로 전자 폐기물을 수입한다. 선진국과 비교할 때, 개발 도상국은 임금이 싸고 환경법이 엄격하지 않아서 적은 비용으로 전자 폐기물 처리가 가능하다. 전자 폐기물에는 수은, 납, 카드뮴과 같이 인체에 해로운 성분이 많이 포함되어 있다. 개발 도상국의 근로자는 전자 폐기물 처리 과정에서 유해 물질을 접하게 된다. 그뿐만 아니라 전자 폐기물에서 나오는 각종 화학 성분은 개발 도상국의 강과 바다, 공기와 땅을 오염시킨다.

4문단 다양한 전자 제품으로 우리의 삶은 더욱 편해졌다. 그러나 전자 폐기물은 전자 제품의 편리한 혜택을 누리지 못하는 개발 도상국으로 흘러 들어간다. 그 결과 선진국은 자국의 환경 오염을 해결하고 싼 비용으로 전자 폐기물을 처리하게 되었지만, 개발 도상국은 경제적 이익을 국민의 건강 및 환경의 훼손과 맞바꾸게 되었다. 전자 제품을 만들고 쓰는 나라와 이를 처리하는 나라가 서로 달라서 생기는 환경 불평등을 해결하고, 지구의 환경을 보호하기 위해서 선진국들은 전자 폐기물의 처리를 투명하게 진행해야 한다. 그리고 소비자인 우리는 무분별하게 전자 제품을 버리고 있지 않는지 돌아봐야 한다.

'개발 도상국'은 무엇일까? 산업화와 경제 개발이 선진국보다 뒤떨어진 나라를 의미한다. 이때 선진국은 다른 나라보다 정치, 경제, 문화 등의 발달이 앞서 있는 나라를 말한다. 개발 도상국은 선진국에 비해 기술이나 지식 등의 수준이 낮아 선진국에 대한 의존도가 높다.

독해
핵심 체크

핵심어를 넣어 각 문단의 중심 내용을 정리해 보자.

1문단 나날이 늘어나는 전자 폐기물을 ❶ ☐☐ 하는 방법은 간단하지 않다.

2문단 일부 선진국은 ❷ ☐☐ 으로 전자 폐기물을 개발 도상국에 수출한다.

3문단 개발 도상국에서 전자 폐기물을 처리하는 과정에서 근로자는 ❸ ☐☐ 물질을 접하게 되고, 각종 화학 성분은 환경을 오염시킨다.

4문단 선진국에서는 전자 폐기물을 투명하게 관리하고, 소비자인 우리는 ❹ ☐☐☐ 한 전자 제품 소비 습관을 돌아봐야 한다.

핵심 내용
구조화

핵심 내용을 구조화하여 정리해 보자.

전자 폐기물로 인한 문제점

선진국		개발 도상국
환경적·❶ ☐☐☐ 부담을 줄이기 위해 전자 폐기물을 개발 도상국에 불법으로 수출함.	불법 거래	❷ ☐☐☐ 에서 전자 폐기물을 수입하여 적은 비용으로 처리함.

↓

• 전자 폐기물 처리 과정에서 개발 도상국의 근로자가 유해 물질에 영향을 받음.
• 전자 폐기물의 화학 성분 때문에 개발 도상국의 ❸ ☐☐ 이 오염됨.

주제 확인

빈칸에 알맞은 말을 써서 이 글의 주제를 완성해 보자.

☐☐☐☐☐ 의 수입으로 인해 개발 도상국의 피해가 크므로 선진국은 투명하게 전자 폐기물을 관리하고, 소비자들은 전자 제품을 소비하는 습관을 돌아봐야 한다.

내용 확인 ──── **1** **이 글에서 알 수 <u>없는</u> 정보는?**

① 매년 버려지는 전자 폐기물의 양
② 전자 폐기물에 포함되어 있는 해로운 성분
③ 휴대 전화가 빠르게 전자 폐기물이 되는 이유
④ 전자 폐기물을 재활용할 수 있는 간단한 방법
⑤ 개발 도상국에서 적은 비용으로 전자 폐기물의 처리가 가능한 이유

내용 추론 ──── **2** **이 글을 참고할 때, 다음 질문에 대한 답으로 적절한 것은?**

> 바젤 협약에서 전자 폐기물의 국가 간 이동을 제한한 이유는 무엇일까?

① 첨단 기술이 적용된 전자 제품을 쉽게 생산하기 위해서이다.
② 선진국의 노동 임금을 낮춰 선진국의 산업을 보호하기 위해서이다.
③ 전자 제품의 사용 기간을 늘려 제품 개발 비용을 줄이기 위해서이다.
④ 국가 간의 환경 불평등을 없애고 지구의 환경을 보호하기 위해서이다.
⑤ 개발 도상국이 스스로 전자 제품을 만들 수 있도록 도와주기 위해서이다.

내용 비판 ──── **3** **이 글을 읽은 후의 반응으로 적절하지 <u>않은</u> 것은?**

① 전자 제품을 아껴서 오랫동안 사용해야겠군.
② 전자 폐기물을 재활용하여 환경을 보호해야겠군.
③ 전자 폐기물의 불법 거래를 꾸준히 감시해야겠군.
④ 국가 경제를 위해 전자 폐기물을 비싼 가격에 수출해야겠군.
⑤ 자기 나라에서 나온 전자 폐기물은 자기 나라에서 안전하게 처리해야겠군.

03 극지방 개발의 필요성

✓ 어휘 체크

뜻을 알고 있는 어휘에
V표를 해 보세요.

척박하다 ☐

항로 ☐

절감 ☐

혜택 ☐

불모 ☐

1 한자로 어휘 알기

한자와 어휘의 뜻을 읽고, 빈칸에 알맞은 어휘를 써 보자.

여위다 척 瘠
얇다 박 薄

- 뜻 땅이 기름지지 못하고 몹시 메마르다.
- 예 ① ☐☐ 한 밭에서도 곡식이 자란다.

배 항 航
길 로 路

- 뜻 배가 지나다니는 바다 위의 길.
- 예 이 배는 태풍 때문에 ② ☐☐ 를 변경했다.

은혜 혜 惠
덕택 택 澤

- 뜻 사회나 제도나 사업이 사람들에게 주는 이익이나 도움.
- 예 이 가게에 친구와 함께 방문하면 할인 ③ ☐☐ 을 받는다.

아니다 불 不
풀 모 毛

- 뜻 땅이 거칠고 메말라 식물이 나거나 자라지 아니함.
- 예 그곳은 풀 한 포기 자라지 않는 ④ ☐☐ 의 땅이다.

2 문장에서 어휘 알기

밑줄 친 어휘의 뜻으로 알맞은 것을 골라 보자.

- 기계를 이용해 제품을 생산하여 비용을 절감했다.
- 필요 없이 켜져 있는 전등을 꺼서 에너지를 절감해야 한다.

① 아끼어 줄임.
② 양이 많아지거나 규모가 커짐.
③ 시간이나 재물 따위를 헛되이 헤프게 씀.

1문단 극지방은 남극과 북극을 중심으로 한 그 주변 지역을 말한다. 극지방은 환경이 **척박하고** 접근하기가 어려워 예전에는 탐사나 과학 조사 외에는 큰 관심을 받지 못했다. 그러나 극지방의 활용 가치가 크다는 사실이 알려지면서 극지방의 개발권을 얻기 위해 여러 나라가 치열하게 ⓐ경쟁하고 있다. 그렇다면 우리나라는 극지방 개발에 대해 어떠한 태도를 지녀야 할까?

2문단 극지방은 지구의 보물 창고라고 불릴 만큼 막대한 자원을 품고 있다. 북극 지방의 석유와 가스 매장량은 전 세계 매장량의 25 퍼센트 정도에 이른다. 남극 지방에도 많은 에너지 자원과 광물 자원이 있는 것으로 알려져 있다. 그리고 극지방에는 수산 자원도 ⓑ풍부하다. 해양 생물의 중요한 먹이가 되는 크릴은 남극해에서만 연간 2억 톤 넘게 잡힌다. 또한 전 세계에서 수산물을 잡는 활동의 대부분이 북극해와 그 주변 지역에서 이루어진다. 극지방 개발로 엄청난 자원을 얻을 수 있는 것이다.

3문단 극지방 개발은 교통과 무역에서도 큰 이익을 안겨 줄 것으로 기대된다. 최근 북극의 빙하가 녹으면서 동아시아와 유럽을 잇는 새로운 뱃길이 열리고 있다. 북극해를 지나는 이 북극해 **항로**를 이용하면 기존에 인도양을 지나는 수에즈 항로를 이용하는 것보다 열흘 정도 시간을 ⓒ단축할 수 있다. 시간이 단축되면 비용도 **절감**된다. 우리나라는 수출을 통한 무역 의존도가 높다. 이런 상황에서 시간과 비용을 줄일 수 있는 방법이 있다면 이를 ⓓ마다할 이유가 없다.

4문단 극지방 개발은 에너지 자원, 수산 자원, 교통과 무역 등에서 우리에게 큰 경제적 **혜택**을 안겨 줄 것이다. 극지방은 이제 얼음으로 덮인 **불모**의 땅이 아닌 혜택을 줄 기회의 땅이다. 극지방의 가치를 미리 알아본 미국, 중국, 러시아 등은 이미 극지방의 자원 개발권을 ⓔ보유하고 원유 생산지를 앞서서 차지하는 등 국가와 기업이 극지방 개발에 적극적으로 나서고 있다. 우리나라는 출발이 늦은 만큼 보다 적극적으로 극지방 개발에 참여하여 극지방에서 얻을 수 있는 혜택을 놓쳐서는 안 될 것이다.

🐱 **'무역'은 무엇일까?** 나라 간에 물건을 사고팔거나 교환하는 일을 말한다. 무역을 하면서 우리나라가 다른 나라에 물건을 파는 것을 수출이라고 하고, 다른 나라에서 물건을 사 오는 것을 수입이라고 한다. 무역을 하면 우리나라에서 생산되지 않는 물건을 수입하여 사용할 수도 있고, 우리나라의 물건을 수출하여 돈을 벌 수도 있다.

독해 핵심 체크

문단별 핵심 정리 〉 핵심어를 넣어 각 문단의 중심 내용을 정리해 보자.

1문단 극지방의 개발권을 얻기 위해 여러 나라가 **1** ☐☐ 하고 있다.

2문단 극지방 개발을 통해 막대한 **2** ☐☐ 을 얻을 수 있다.

3문단 극지방 개발을 통해 교통과 **3** ☐☐ 에서 큰 이익을 얻을 수 있다.

4문단 경제적 이익을 얻기 위해 **4** ☐☐☐ 개발에 적극적으로 참여해야 한다.

핵심 내용 구조화 〉 핵심 내용을 구조화하여 정리해 보자.

주장: 극지방 개발에 참여해야 함.

근거 ①: 자원의 획득

극지방은 막대한 **1** ☐☐☐, 광물, 수산 자원을 품고 있음.

╋

근거 ②: 교통과 무역에서의 이익

새로 열린 북극해 항로를 이용하면 시간과 **2** ☐☐ 을 절감할 수 있음.

↓

극지방 개발을 통해 얻을 수 있는 **3** ☐☐☐ 혜택이 큼.

주제 확인 〉 빈칸에 알맞은 말을 써서 이 글의 주제를 완성해 보자.

우리나라도 다양한 경제적 혜택을 얻을 수 있는 ☐☐☐☐☐ 에 적극적으로 참여해야 한다.

내용 확인 — **1** '극지방'에 대한 설명으로 적절하지 <u>않은</u> 것은?

① 남극과 북극을 중심으로 한 그 주변 지역을 의미한다.

② 최근 북극의 빙하가 녹으면서 새로운 항로가 열리고 있다.

③ 접근이 어려워 예전에는 과학 조사 외에 큰 관심을 받지 못했다.

④ 남극해에는 해양 생물의 먹이인 크릴을 포함한 수산 자원이 풍부하다.

⑤ 남극 지방에는 전 세계 매장량의 25 퍼센트에 이르는 석유가 매장되어 있다.

내용 비판 — **2** 의 글쓴이가 이 글의 글쓴이에게 할 말로 적절한 것은?

> 보기
>
>   남극은 지구에서 가장 깨끗한 지역으로, 산업 지역에서 가장 멀리 떨어져 있고 사람도 살지 않는다. 따라서 외부에서 들어온 조그마한 물질에도 쉽게 오염될 수 있으며, 한번 오염되면 회복이 거의 되지 않는다. 또한 최근 연구 결과 북극이 지구의 기상, 기후 등 환경에 커다란 역할을 하고 있음이 밝혀졌다.

① 극지방 개발로 환경이 파괴될 수 있다.

② 환경을 보호하기 위해 북극과 남극을 연구해야 한다.

③ 모든 나라가 극지방 개발에 평등하게 참여해야 한다.

④ 사람이 살지 않는 남극 중심으로 개발을 진행해야 한다.

⑤ 극지방 개발을 둘러싼 경쟁으로 국제적 문제가 생길 수 있다.

어휘 이해 — **3** ⓐ~ⓔ의 뜻으로 적절하지 <u>않은</u> 것은?

① ⓐ 경쟁하다: 같은 목적에 대하여 이기거나 앞서려고 서로 겨루다.

② ⓑ 풍부하다: 필요한 양이나 기준에 미치지 못해 충분하지 않다.

③ ⓒ 단축하다: 시간이나 거리 따위를 짧게 줄이다.

④ ⓓ 마다하다: 거절하거나 싫다고 하다.

⑤ ⓔ 보유하다: 가지고 있거나 간직하고 있다.

04 ^{기술}

생체 인식 기술의 발달

☑ **어휘 체크**

뜻을 알고 있는 어휘에
V표를 해 보세요.

유출 ☐
위조 ☐
인식 ☐
추출 ☐
고유 ☐

1 한자로 어휘 알기

한자와 어휘의 뜻을 읽고, 빈칸에 알맞은 어휘를 써 보자.

거짓 위 僞
만들다 조 造
- 뜻 어떤 물건을 속일 목적으로 꾸며 진짜처럼 만듦.
- 예 지폐에는 **1** ☐☐ 를 막기 위해 첨단 기술이 사용되었다.

알다 인 認
알다 식 識
- 뜻 사물을 분별하고 판단하여 아는 것.
- 예 뇌는 다양한 정보를 **2** ☐☐ 하고 처리한다.

뽑다 추 抽
나가다 출 出
- 뜻 전체 속에서 어떤 물건, 생각, 요소 따위를 뽑아냄.
- 예 많은 자료 속에서 필요한 것만 **3** ☐☐ 해서 정리했다.

굳다 고 固
있다 유 有
- 뜻 본래부터 일정한 사물만이 특별히 갖추고 있는 것.
- 예 한복은 우리 민족 **4** ☐☐ 의 옷이다.

2 문장에서 어휘 알기

밑줄 친 어휘의 뜻으로 알맞은 것을 골라 보자.

- 해외로 유출되었던 우리 문화재를 되찾아 왔다.
- 시험 문제가 시험 전에 유출되는 것을 막아야 한다.

① 문화, 지식 따위가 들어옴.
② 국내의 상품이나 기술을 외국으로 팔아 내보냄.
③ 귀중한 물품이나 정보 따위가 불법적으로 나라나 조직의 밖으로 나가 버림.

1문단 정보 통신 기술이 발달하면서 언제 어디서나 인터넷에 접속하여 전자 상거래, 인터넷 뱅킹, 정보 검색, 온라인 수업 등을 쉽고 빠르게 이용하게 되었다. 우리의 삶은 편리해졌지만 문제도 존재하는데, 대표적인 문제가 개인 정보가 **유출**되는 것이다. 개인 정보 유출이 늘어남에 따라 유출된 정보를 **위조**하는 범죄와 이와 연관된 피해도 나날이 증가하고 있다. 이에 따라 정보를 안전하게 보호하는 보안 기술이 중요해지면서 대표적인 보안 기술 중 하나인 생체 인식 기술에 대한 관심이 높아지고 있다.

2문단 생체 인식 기술은 사람의 신체적, 행동적 특징을 자동화된 장치로 **추출**하여 개인을 구별하는 기술이다. 각 사람의 몸이 지닌 **고유**한 특징으로 본인이 맞는지 확인하는 것이다. 생체 인식 기술에 사용할 수 있는 신체적, 행동적 특징은 다음과 같은 조건을 갖추어야 한다. 누구나 가지고 있고, 각 사람마다 고유하여 변하지 않고, 특징을 디지털 형태로 바꾸기 쉬워야 한다. 현재는 지문, 얼굴, 홍채 같은 신체적 특징이 생체 인식 기술에 활용되고 있다.

3문단 신체적 특징을 이용한 생체 인식 기술에는 지문 인식, 얼굴 인식, 홍채 인식 등이 있다. 지문 인식은 손가락의 지문 모양을 활용하는 기술로 가장 널리 쓰이고 있다. 얼굴 인식은 영상에서 얼굴이 어디 있는지 찾아내고, 눈, 코, 입의 거리와 모양 등의 정보를 바탕으로 영상에서 찾은 얼굴이 누구인지 구분하는 기술이다. 홍채 인식은 사람마다 눈의 홍채 무늬가 다른 점을 이용한 기술로, 정확성, 안정성, 처리 속도 면에서 가장 발전된 생체 인식 기술로 평가받는다.

4문단 신체적 특징뿐 아니라 음성, 걸음걸이 같은 행동적 특징을 이용한 생체 인식 기술도 꾸준히 개발되고 있다. 음성 인식은 사람마다 다른 음성의 고유한 높낮이 정보를 분석하여 개인을 구별하는 방법이다. 걸음걸이 인식은 사람의 걸음걸이 형태를 분석하여 개인을 구별하는 방법으로, 아직 많은 기술 발전이 필요하다. 최근에는 신체적 특징과 행동적 특징을 함께 사용하여 생체 인식의 정확도를 높이려는 시도가 이루어지고 있다.

문단별 핵심 정리

핵심어를 넣어 각 문단의 중심 내용을 정리해 보자.

1문단 정보 보안 기술이 중요해지면서 1 ☐☐ 인식 기술에 대한 관심이 높다.

2문단 생체 인식 기술은 사람의 신체적, 행동적 특징을 이용해 개인을 2 ☐☐ 한다.

3문단 3 ☐☐☐ 특징을 이용한 기술에는 지문 인식, 얼굴 인식, 홍채 인식 등이 있다.

4문단 4 ☐☐☐ 특징을 이용한 기술에는 음성 인식, 걸음걸이 인식 등이 있다.

핵심 내용 구조화

핵심 내용을 구조화하여 정리해 보자.

생체 인식 기술의 종류

신체적 특징을 이용한 기술	행동적 특징을 이용한 기술
• 지문 인식: 손가락의 1 ☐☐ 모양을 활용함. • 얼굴 인식: 눈, 코, 입의 거리와 모양 등을 활용함. • 홍채 인식: 눈의 홍채 무늬를 활용함.	• 음성 인식: 음성의 고유한 2 ☐☐☐ 정보를 분석함. • 걸음걸이 인식: 걸음걸이 형태를 분석함.

주제 확인

빈칸에 알맞은 말을 써서 이 글의 주제를 완성해 보자.

신체적, 행동적 특징으로 개인을 구별하는 방법인, 생체 ☐☐ 기술의 종류와 특성

내용 확인

1 행동적 특징을 이용한 생체 인식 기술을 보기에서 골라 바르게 묶은 것은?

보기
ㄱ. 지문 인식   ㄴ. 얼굴 인식
ㄷ. 음성 인식   ㄹ. 걸음걸이 인식

① ㄱ, ㄴ   ② ㄴ, ㄷ   ③ ㄷ, ㄹ
④ ㄱ, ㄹ   ⑤ ㄴ, ㄹ

내용 추론

2 이 글을 읽고 대답할 수 없는 질문은?

① 가장 널리 쓰이는 생체 인식 기술은 무엇인가?
② 생체 인식 기술을 대신할 수 있는 기술은 무엇인가?
③ 정보 통신 기술이 발달하면서 생긴 문제점은 무엇인가?
④ 가장 발전된 생체 인식 기술로 평가받는 것은 무엇인가?
⑤ 생체 인식 기술에 사용할 수 있는 신체적, 행동적 특징의 조건은 무엇인가?

내용 추론

3 이 글을 읽고, 생체 인식 기술의 발전 방향을 예측한 내용으로 가장 적절한 것은?

① 가장 정확한 걸음걸이를 이용한 기술이 보편화될 것이다.
② 신체적 특징과 행동적 특징을 함께 사용한 기술이 발전할 것이다.
③ 사람이 직접 신체적, 행동적 특징을 추출하는 기술이 발전할 것이다.
④ 나이에 따라 변화하는 신체적 특징을 추출하는 기술이 발전할 것이다.
⑤ 신체적 특징이 비슷한 사람끼리 정보를 공유하는 기술이 발전할 것이다.

05 동양화와 서양화

어휘 체크
뜻을 알고 있는 어휘에
V표를 해 보세요.

여백 ☐
채색 ☐
명암 ☐
인격 ☐
경계 ☐

예술

1 한자로 어휘 알기

한자와 어휘의 뜻을 읽고, 빈칸에 알맞은 어휘를 써 보자.

남다 여 餘
희다 백 白
> 뜻 종이 따위에, 글씨를 쓰거나 그림을 그리고 남은 빈 자리.
> 예 나는 공책의 1 ☐☐ 에 낙서를 했다.

채색 채 彩
빛 색 色
> 뜻 그림 따위에 색을 칠함.
> 예 다양한 색으로 벽을 2 ☐☐ 했다.

밝다 명 明
어둡다 암 暗
> 뜻 그림에서, 색의 짙음과 옅음이나 밝기의 정도를 이르는 말.
> 예 이 그림은 빛을 잘 표현해서 3 ☐☐ 이 뚜렷하다.

사람 인 人
인격 격 格
> 뜻 사람으로서의 바탕과 타고난 성품.
> 예 말은 그 사람의 4 ☐☐ 을 나타낸다.

2 문장에서 어휘 알기

밑줄 친 어휘의 뜻으로 알맞은 것을 골라 보자.

- 진짜 같은 꿈을 꾸어서 꿈과 현실의 경계가 헷갈렸다.
- 그 학자는 수학과 과학의 경계를 넘나들며 연구를 하였다.

① 아무것도 없는 빈 곳.
② 사물이 어떠한 기준에 의하여 구별되는 한계.
③ 일정한 기준에 따라 전체를 몇 개로 갈라 나눔.

1문단 동양화는 중국, 한국, 일본 등 동양의 나라에서 발달한 그림이고, 서양화는 유럽 등의 서양에서 발달한 그림이다. 동양화와 서양화는 오랜 시간 각자의 특성을 발전시키며 고유한 개성을 지니게 되었다. 동양화와 서양화는 그림의 색과 배경, 그림의 재료와 그에 따른 표현 기법, 그림에 대한 철학 등에서 차이를 보인다.

2문단 먼저 눈에 띄는 차이는 그림의 색과 배경이다. 선과 여백을 중요하게 여기는 동양화는 대부분의 그림을 채색 없이 단순하게 검은 선으로 표현한 후 먹의 진함과 연함으로 느낌을 더한다. 동양화는 여백을 충분히 살려서 그리고, 하얀 여백까지 작품의 공간으로 포함한다. 서양화는 입체적인 표현을 중요하게 여기며, 다양한 색을 사용하여 화면에 꽉 차게 그림을 그린다. 따라서 서양화는 그림의 빈 공간을 그대로 드러내는 일이 거의 없다.

3문단 그림의 재료와 표현 기법에서도 차이가 있다. 동양화는 한지에다 먹을 먹인 붓으로 그림을 그렸다. 먹을 먹인 붓은 넓게 칠하는 것보다 가는 선을 그리는 것에 적절하다. 이로 인해 동양화는 선으로 표현하는 기법이 발달하였다. 또 먹은 종이에 바로 스며들어 덧칠과 수정이 어렵기 때문에 순간적인 표현력이 중요했다. 서양에서는 특수한 천으로 만든 캔버스에 유화 물감으로 그림을 그려 덧칠과 수정이 가능하다. 서양화는 스케치 위에 색을 칠하는 과정이 중요하고, 칠한 부분이 두꺼워지면서 표면에 질감이 생긴다. 따라서 서양화에서는 명암, 색, 질감 등이 강조되었고, 캔버스에 대상을 입체적으로 표현하는 기법이 발달하였다.

4문단 동양화와 서양화의 차이는 그림에 대한 철학에서도 엿보인다. 동양에서 그림은 인격 수양의 한 방법이다. 그리는 사람의 정신과 인격을 그림에 어떻게 표현하는가를 중요하게 여긴다. 따라서 사물을 보이는 대로 그리지 않고, 색을 그대로 칠하지 않는다. 서양에서는 대상의 모습을 그려 기록하는 방법으로서 그림을 중시했다. 근대 이전의 서양화는 종교화, 초상화, 풍경화가 대부분이었으며, 정확하고 사실적인 표현이 강조되었다.

5문단 이렇듯 동양과 서양은 그림을 보는 눈도, 그림을 그리는 재료나 기법에도 많은 차이가 있다. 그러나 현대에 들어 다양한 교류와 소통이 이루어지면서 동양화와 서양화의 경계도 많이 무너졌다. 이제 동양화인지 서양화인지가 아니라 표현하는 사람의 마음과 생각을 자신만의 방법으로 그리는 것이 더욱 중요해졌다.

'먹'은 무엇일까? 붓으로 글씨나 그림을 그리는 데 사용하는 물건이다. 먹은 소나무 등 식물의 기름을 태워서 생긴 그을음을 굳혀 만든다. 벼루에 물을 붓고 먹을 갈아서 먹물을 만든 후, 먹물을 붓에 묻혀서 글씨를 쓰거나 그림을 그린다.

독해
핵심 체크

문단별 핵심 정리

핵심어를 넣어 각 문단의 중심 내용을 정리해 보자.

1문단 동양화와 서양화는 고유한 ❶ □□ 을 지니고 있다.

2문단 동양화와 서양화는 색과 ❷ □□ 에서 차이가 난다.

3문단 동양화와 서양화는 사용하는 ❸ □□ 와 표현 기법에서 차이가 난다.

4문단 동양화와 서양화는 그림에 대한 ❹ □□ 에서 차이가 난다.

5문단 현대에 들어 교류와 소통으로 동양화와 서양화의 ❺ □□ 가 무너졌다.

핵심 내용 구조화

핵심 내용을 구조화하여 정리해 보자.

동양화와 서양화 비교

동양화	기준	서양화
• 채색 없이 검은 선으로 표현함. • ❶ □□ 을 충분히 살림.	색과 배경	• 다양한 ❷ □ 을 사용함. • 그림에 빈 공간이 거의 없음.
• 한지에 먹으로 그림. • 덧칠과 수정이 어려워 순간적인 표현력이 중요함. • ❸ □ 으로 표현하는 기법이 발달함.	재료와 표현 기법	• 캔버스에 유화 물감으로 그림. • 덧칠과 수정이 가능하여 색칠하는 과정이 중요함. • 입체적으로 표현하는 기법이 발달함.
• 그림은 ❹ □□ 수양의 방법임. • 사람의 정신과 인격을 그림에 담음.	철학	• 대상을 그려 기록하는 그림을 중시함. • 정확하고 사실적인 표현을 강조함.

주제 확인

빈칸에 알맞은 말을 써서 이 글의 주제를 완성해 보자.

□□□ 와 서양화는 그림의 색과 배경, 재료와 표현 기법, 그림에 대한 철학에서 차이가 드러난다.

내용 확인 ── **1** 이 글의 설명 방식으로 적절한 것은?

① 동양화와 서양화를 비교하여 설명하고 있다.
② 동양화와 서양화의 공통점을 나열하고 있다.
③ 동양화를 그리는 과정을 순서대로 설명하고 있다.
④ 동양화와 서양화의 시대별 변화 과정을 보여 주고 있다.
⑤ 동양화와 서양화의 대표적인 작품을 예로 들며 설명하고 있다.

내용 확인 ── **2** 보기 에서 '동양화'에 대한 설명을 모두 고른 것은?

보기
ㄱ. 덧칠과 수정이 어려움.
ㄴ. 순간적인 표현력이 중요함.
ㄷ. 명암, 색, 질감 등이 강조됨.
ㄹ. 그림의 빈 공간이 거의 없음.
ㅁ. 선으로 표현하는 기법이 발달함.

① ㄱ, ㄴ, ㄷ   ② ㄱ, ㄴ, ㅁ
③ ㄴ, ㄷ, ㄹ   ④ ㄴ, ㄹ, ㅁ
⑤ ㄷ, ㄹ, ㅁ

내용 추론 ── **3** 이 글을 읽고 나눈 대화 내용으로 적절한 것은?

① 가진: 동양화는 재료를, 서양화는 철학을 중요하게 여겼네.
② 나연: 서양화는 앞으로 사진 등에 밀려서 점차 사라질 거야.
③ 다은: 동양화보다 서양화가 더욱 뛰어난 예술이라고 할 수 있어.
④ 도준: 동양화는 정신의 표현을, 서양화는 사실의 표현을 강조하는구나.
⑤ 라희: 근대 이전의 서양화는 사물을 보이는 대로 그리기보다 바꾸어 그리려고 했군.

어휘 review

배운 어휘를 떠올리며 뜻을 아는
어휘에 V표를 해 보자.

01 학습 어휘

□ 태초   □ 측정
□ 대중화 □ 협업
□ 진화

02 학습 어휘

□ 첨단   □ 폐기
□ 협약   □ 유해
□ 엄격

03 학습 어휘

□ 척박하다 □ 항로
□ 절감   □ 혜택
□ 불모

04 학습 어휘

□ 유출   □ 위조
□ 인식   □ 추출
□ 고유

05 학습 어휘

□ 여백   □ 채색
□ 명암   □ 인격
□ 경계

문제로 어휘 확인하기

1 다음 뜻을 참고하여 알맞은 어휘를 쓰시오.

1 ㅌ ㅊ 에 단군이 이 땅에 고조선을 세웠다.   (   )
하늘과 땅이 생겨난 맨 처음.

2 그는 나무를 심어 ㅊ ㅂ 한 황무지를 숲으로 바꿨다.
땅이 기름지지 못하고 몹시 메마르다.   (   )

3 우리 제품은 ㅇ ㄱ 한 심사를 통과한 믿을 만한 제품이다.
말, 태도, 규칙 따위가 매우 엄하고 철저함. 또는 그런 품격.   (   )

4 여러 제품 중 환경에 ㅇ ㅎ 한 제품을 모아 ㅍ ㄱ 했다.
해로움이 있음.   못 쓰게 된 것을 버림.
(,   )

5 ㅊ ㅅ 방법이 ㅈ ㅎ 하면서 다양한 그림을 그리게 되었다.
그림 따위에 색을 칠함.   일이나 사물 따위가 점점 발달하여 감.
(,   )

2 다음 뜻을 보고 보기에서 알맞은 어휘를 찾아 쓰시오.

보기	명암 여백 불모 항로 인격 협업 고유

1 배가 지나다니는 바다 위의 길.   (   )

2 사람으로서의 바탕과 타고난 성품.   (   )

3 땅이 거칠고 메말라 식물이 나거나 자라지 아니함. (   )

4 본래부터 일정한 사물만이 특별히 갖추고 있는 것. (   )

5 많은 노동자들이 협력하여 계획적으로 노동하는 일. (   )

6 종이 따위에, 글씨를 쓰거나 그림을 그리고 남은 빈 자리.
(   )

7 그림에서, 색의 짙음과 옅음이나 밝기의 정도를 이르는 말.
(   )

3 빈칸에 들어갈 알맞은 어휘를 찾아 선으로 이으시오.

1 여행에 드는 비용을 [   ] 하기 위해 싼 숙소에 묵었다.

2 두 나라는 다시는 서로를 침략하지 않겠다는 [   ]을 맺었다.

3 국가에서 지원하는 의료 [   ]을 받아 병을 치료했다.

4 이 자료들에서 핵심만 [   ] 하여 보고서를 쓰자.

5 이 차는 [   ] 기술을 갖추어 운전자 없이 스스로 운행할 수 있다.

6 해외 여행이 [   ] 되면서 방학에 여행을 떠나는 사람이 늘어났다.

• 절감

• 혜택

• 대중화

• 첨단

• 추출

• 협약

4 다음 문장 중 밑줄 친 어휘가 잘못 쓰인 것은?

① 그는 꿈과 현실의 경계에서 고민하였다.
② 고객의 정보를 유출하는 것은 불법이다.
③ 범인은 위조한 신분증으로 범죄를 저질렀다.
④ 그는 성실함을 인식받아 좋은 평가를 받았다.
⑤ 정확한 길이를 측정하기 위해 줄자를 가져왔다.

2주차

주간 학습 계획표

배울 내용	독해 난도	학습 날짜	학습 확인
조선 시대의 지도 계층이었던 선비의 의미와 임무, 선비가 자신을 수양한 방법을 설명하는 글입니다.	초4 ──── 초5 ──── 초6	월 일	☐
중등 교과 제재 현대 민주 국가의 대표적 정부 형태인 의원 내각제와 대통령제의 특징과 장단점을 비교하여 설명하는 글입니다.	초4 ──── 초5 ──── 초6	월 일	☐
귀지는 무엇인지, 귀지가 우리 몸에서 어떤 일을 하는지 설명하는 글입니다.	초4 ──── 초5 ──── 초6	월 일	☐
자동차가 스스로 안전하게 운전하는 자율 주행 기술과 그 기술이 우리 삶에 미치는 영향을 설명하는 글입니다.	초4 ──── 초5 ──── 초6	월 일	☐
중등 교과 제재 중세 시대의 건축 양식인 고딕 양식의 건축적인 특징과 고딕 양식이 당시 사람들에게 미친 영향을 설명하는 글입니다.	초4 ──── 초5 ──── 초6	월 일	☐

매일 공부를 마치면, 학습 확인 칸에 ○표를 하세요.

06 선비의 임무

어휘 체크

뜻을 알고 있는 어휘에
V표를 해 보세요.

임무 ☐

근본 ☐

부당 ☐

청렴 ☐

수양 ☐

1 한자로 어휘 알기

한자와 어휘의 뜻을 읽고, 빈칸에 알맞은 어휘를 써 보자.

맡기다 임 任 힘쓰다 무 務	뜻 맡은 일. 또는 맡겨진 일. 예 이번 학기에 학급 회장이라는 **1** ☐☐ 를 맡았다.
뿌리 근 根 뿌리 본 本	뜻 무엇의 본질, 바탕, 기본이 되는 것. 예 모든 종교의 **2** ☐☐ 은 사랑이다.
맑다 청 淸 소박하다 렴 廉	뜻 성품과 행동이 깨끗하고 헛된 욕심이 없음. 예 그 사람은 **3** ☐☐ 해서 돈이나 권력에 관심이 없다.
익히다 수 修 기르다 양 養	뜻 몸과 마음을 단련하여 성품, 지식, 도덕 따위를 기르는 것. 예 화랑도는 청소년들이 신체와 정신을 **4** ☐☐ 하는 단체였다.

2 문장에서 어휘 알기

밑줄 친 어휘의 뜻으로 알맞은 것을 골라 보자.

> • 심판의 <u>부당</u>한 판정에 선수들이 몰려가 항의했다.
> • 한 가지 잘못으로 그 사람이 한 모든 일을 나쁘게 평가하는 것은 <u>부당</u>하다.

① 알맞게 이용하거나 맞추어 씀.
② 일이 도리에 맞지 않거나 옳지 않음.
③ 어떤 사물에 대해 여러 사정을 따져서 자기 생각을 분명히 정함.

1문단 조선 시대에 '선비'는 사회를 이끌어 나가는 지도 계층이었다. 선비는 조선 시대의 신분 중에서도 가장 높은 사대부 계층이었다. 하지만 사대부라고 해서 모두 선비가 될 수 있는 것은 아니었다. 조선 시대에 선비는 학식이 높고 고결한 인품을 가진 사람만 들을 수 있는 호칭이었다. 선비라는 호칭에는 모범이 되고 명성을 얻은 인물에 대한 존경의 뜻이 담겨 있었다.

2문단 선비는 선비답게 행동해야 하는 **임무**가 있었다. 선비는 조선을 다스리는 **근본**이었던 유교의 규범을 실천해서 백성들에게 모범을 보여야 했다. 행동과 예절이 바르며 의리와 원칙을 지키고 권력과 재물을 탐내지 않아야 했다. 벼슬을 하는 선비는 권력을 지닌 사람이 **부당**한 행동을 하지 못하도록 감시하고, 올바른 사회를 만들기 위해 노력해야 했다. 힘 있는 사람에게 아부하지 않고, 항상 떳떳하며 바른 방향을 제시하는 사람이 선비였다. 벼슬을 하지 않는 선비는 **청렴**하게 생활하며 유교의 규범을 널리 펼쳐 사람들을 깨우쳐야 했다.

3문단 선비는 이러한 임무를 해내기 위해 끊임없이 **수양**해야 했다. 먼저 꾸준히 독서로 학문을 수양했다. 독서를 통해 지식을 쌓고 세상의 이치를 깨달아야 올바른 방향이 무엇인지 알 수 있었기 때문이다. 선비의 독서는 지식을 쌓고 깨닫는 것에서 끝나지 않고 실천까지 해야 했다. 그리고 온화한 인품을 갖추고 굳센 신념을 갖기 위해 마음을 수양했다. 이렇게 선비는 독서하고 행동으로 실천하며, 온화한 인품과 굳센 신념을 갖기 위해 자신을 수양했다.

4문단 조선 시대에는 백성들의 존경을 받는 선비들이 많았다. 정치가이자 대학자였던 이황은 높은 벼슬을 하면서도 청렴하고 검소했던 선비였다. 벼슬에서 물러난 후에는 학문에 힘쓰며 많은 책을 쓰고, 많은 제자를 길러 내 선비의 모범을 보여 줬다. 임진왜란 때의 의병장 곽재우도 사대부 집안의 선비였다. 곽재우는 학문과 무예를 익혀 임진왜란이 일어나자 나라를 지키겠다는 신념을 지니고 의병으로 활약했다. 이처럼 조선 시대의 선비들은 백성들에게 모범이 되는 삶을 살며 사회 지도 계층의 역할에 충실했다.

🐱 **'사대부'는 누구일까?** 사대부는 학자를 뜻하는 '사(士)', 관리를 뜻하는 '대부(大夫)'를 합친 말이다. 관청에 나가서 나랏일을 맡아보는 관리나, 관리가 될 수 있는 가문에 속하는 계층을 나타낸다. 사대부는 조선 시대의 지배 계층인 양반을 일반 평민 계층과 상대하여 이르는 말이기도 하다.

문단별
핵심 정리

핵심어를 넣어 각 문단의 중심 내용을 정리해 보자.

1문단 조선 시대에 ❶ ☐☐ 는 학식이 높고 고결한 인품을 가진 사람에 대한 호칭이었다.

2문단 선비는 선비답게 행동해야 하는 ❷ ☐☐ 가 있었다.

3문단 선비는 임무를 해내기 위해 끊임없이 학문과 마음을 ❸ ☐☐ 했다.

4문단 조선 시대에는 ❹ ☐☐ 과 곽재우처럼 백성들의 존경을 받는 선비들이 많았다.

핵심 내용
구조화

핵심 내용을 구조화하여 정리해 보자.

조선 시대의 '선비'

선비의 의미	사회 ❶ ☐☐ 계층으로, 학식이 높고 고결한 인품을 가진 사람
선비의 임무	• ❷ ☐☐ 규범을 실천해서 모범을 보여야 함. • 권력자의 부당한 행동을 감시하고, 올바른 사회를 만들어야 함. • 청렴하게 생활하며 유교 규범을 널리 펼쳐 사람들을 깨우쳐야 함.
선비의 수양 방법	• ❸ ☐☐ 를 통해 학문을 수양하여 지식을 쌓고 세상의 이치를 깨달음. • 온화한 인품과 굳센 신념을 갖기 위해 마음을 수양함.

주제 확인

빈칸에 알맞은 말을 써서 이 글의 주제를 완성해 보자.

조선 시대의 선비는 사회 지도 계층으로, 선비의 임무를 행하고 학문과 마음을 ☐☐ 하여 백성에게 모범이 되었다.

내용 확인 — 1 **이 글의 제목으로 적절한 것은?**

① 조선을 다스리는 근본인 유교 사상
② 선비가 자신의 꿈을 실천하는 방법
③ 선비의 임무와 선비가 자신을 수양한 방법
④ 조선 시대의 지배 계층이었던 선비의 지위
⑤ 사대부 집안의 선비가 지닌 권력과 그에 따른 문제점

내용 추론 — 2 **이 글에서 추측할 수 있는 내용으로 적절한 것은?**

① 선비의 임무는 유교 사상과 관련이 없다.
② 선비가 한번 얻은 명성은 평생 동안 계속되었다.
③ 선비는 권력이나 지위를 이용하여 백성들을 다스렸다.
④ 선비는 백성을 깨우치기 위해 스스로 모범을 보이는 태도를 지녔다.
⑤ 선비는 모범이 되는 행동을 실천하는 것보다 지식을 쌓는 것을 중요하게 여겼다.

내용 비판 — 3 와 같은 상황에서 선비의 자세로 적절하지 <u>않은</u> 것은?

   중국의 청나라는 조선에게 청나라를 임금의 나라로 섬기고, 황금과 병사 등을 바치라는 무리한 요구를 해 왔다. 조선이 이를 거절하자 청나라는 전쟁을 일으켰다. 청나라의 군대는 순식간에 한양에 이르렀고 조선의 왕인 인조는 한양을 떠나 피란을 갔다. 청나라 군대는 조선 백성들을 약탈하고 조선 백성들은 많은 피해를 입었다.

① 나라와 백성을 지키겠다는 신념으로 의병으로 나섰다.
② 전쟁의 어려움 중에도 유교 규범을 지켜 바르게 행동하였다.
③ 사회 지도층으로서 모범을 보여 생활이 어려운 백성들을 보살폈다.
④ 사회 지도 계층의 권력을 유지하기 위해 학문을 꾸준히 수양하였다.
⑤ 전쟁 중에 자기 이익을 우선 챙기려는 관리들을 꾸짖고 감시하였다.

07 ^{사회} 의원 내각제와 대통령제

☑ 어휘 체크

뜻을 알고 있는 어휘에
V표를 해 보세요.

선출 ☐

밀접 ☐

횡포 ☐

독립적 ☐

견제 ☐

1 한자로 어휘 알기

한자와 어휘의 뜻을 읽고, 빈칸에 알맞은 어휘를 써 보자.

뽑다 선 選
나가다 출 出
- 뜻 여럿 가운데서 골라냄.
- 예 우리나라에서는 국민이 선거를 통해 대통령을 **1**〔　〕〔　〕한다.

빈틈없다 밀 密
잇다 접 接
- 뜻 아주 가깝게 맞닿아 있음. 또는 그런 관계에 있음.
- 예 중국과 일본은 우리나라와 역사적으로 **2**〔　〕〔　〕한 관계이다.

제멋대로 횡 橫
사납다 포 暴
- 뜻 남에게 함부로 거칠게 굴며 몹시 사나움.
- 예 관리의 **3**〔　〕〔　〕가 심해서 백성들의 삶이 힘들었다.

혼자 독 獨
서다 립 立
~하는 것 적 的
- 뜻 남의 간섭이나 도움을 받지 않고 남의 지배 아래 있지 않는 것.
- 예 우리 연구소는 회사와 관계없이 **4**〔　〕〔　〕〔　〕으로 새로운 약을 연구하고 있다.

2 문장에서 어휘 알기

밑줄 친 어휘의 뜻으로 알맞은 것을 골라 보자.

- 그 축구 선수는 상대 선수가 골을 넣지 못하게 견제하였다.
- 조선은 왜적의 침략을 견제하기 위해 군사를 훈련시키고 배를 만들었다.

① 어떠한 일을 할 때에 힘을 합쳐 도움을 줌.
② 직접 관계가 없는 일에 끼어들어 성가시게 구는 것.
③ 상대가 세력을 펴거나 자유롭게 행동하지 못하게 함.

1문단 각 국가의 대표들이 모이는 회의가 열리면 우리나라 대통령, 미국 대통령, 일본 수상, 영국 총리 등 각 국가의 대표들이 참석한다. 그런데 각 국가의 대표를 부르는 호칭이 대통령, 수상, 총리처럼 다양한 이유는 무엇일까? 이것은 국가마다 정부 형태가 다르고, 정부 형태에 따라 정부를 구성하고 국가를 운영하는 대표가 다르기 때문이다.

2문단 현대 민주 국가에서는 국민이 선거를 통해서 대표자들을 **선출**한다. 대표자들은 국민을 대신해서 국가를 운영한다. 대표자들이 모인 의회에서는 국가를 다스리는 기준인 법률을 정한다. 그래서 의회를 입법부라고 하고, 법률을 집행하는 국가 기관을 행정부라고 한다. 정부 형태는 입법부와 행정부의 관계에 따라 크게 '의원 내각제'와 '대통령제'로 나눌 수 있다.

3문단 의원 내각제는 국민이 선거로 의회의 의원을 선출한다. 이 선거에서 가장 많은 표를 차지한 정당의 대표는 총리가 되어 국가를 운영한다. 총리는 의원들 중에서 장관을 정해 행정부인 내각을 만든다. 이처럼 의원 내각제는 입법부인 의회와 행정부인 내각이 **밀접**한 관계를 맺고 협력하는 정부 형태이다. 의원 내각제에서는 의회와 행정부의 관계가 가까워서 정책의 결정과 집행이 빠르고 효율적이다. 하지만 한 정당이 의회와 내각을 함께 차지하게 되어 국가 운영 시 **횡포**를 부릴 수도 있다. 의원 내각제를 실시하는 대표적인 국가로는 영국이 있다.

4문단 대통령제는 국민이 선거로 대통령과 의회의 구성원인 의원을 각각 선출한다. 행정부의 지도자인 대통령은 행정부의 장관을 정해 **독립적**으로 행정부를 만든다. 그래서 대통령제에서는 의회와 행정부가 엄격하게 나뉘어 서로를 **견제**한다. 대통령은 대통령을 맡은 기간 동안 정책을 꾸준하게 펼쳐 국가를 안정적으로 운영할 수 있다. 하지만 의회와 행정부 사이에 의견이 다르면 정책을 효율적으로 펼치기 어렵다. 또 대통령이 강력한 권한을 가지므로 대통령의 독재가 나타날 수 있다. 대통령제를 실시하는 대표적인 국가로는 미국을 들 수 있다.

5문단 모든 국가에 두 가지 정부 형태만 있는 것은 아니다. 우리나라의 정부 형태는 대통령제이지만, 의원 내각제의 요소도 함께 지니고 있다. 세계 각 국가는 역사적 상황과 정치 현실에 따라 정부 형태를 다양하게 변형시켜 국가를 운영하고 있다.

'내각'은 무엇일까? 내각은 법률을 바탕으로 국가의 정책을 추진하고, 그 과정에서 발생하는 일들을 결정하는 행정 기관이다. 의원 내각제 국가에서 내각은 국가의 정책을 결정하는 최고 기관을 의미하고, 대통령제 국가에서 내각은 대통령을 돕는 기관을 의미한다.

문단별 핵심 정리

핵심어를 넣어 각 문단의 중심 내용을 정리해 보자.

1문단 국가의 정부 형태에 따라서 각 국가의 ❶ ☐☐ 를 부르는 호칭이 다르다.

2문단 정부 형태는 ❷ ☐☐☐ 와 행정부의 관계에 따라 의원 내각제, 대통령제가 있다.

3문단 의원 내각제는 입법부와 행정부가 밀접한 관계를 맺고 서로 ❸ ☐☐ 한다.

4문단 대통령제는 입법부와 행정부가 엄격하게 나뉘어 서로를 ❹ ☐☐ 한다.

5문단 세계 각 국가는 나라에 맞는 다양한 ❺ ☐☐ 형태로 국가를 운영한다.

핵심 내용 구조화

핵심 내용을 구조화하여 정리해 보자.

의원 내각제와 대통령제

		의원 내각제	대통령제
공통점		현대 민주 국가의 대표적인 정부 형태	
차이점	**특징**	• 국민이 선거로 의회의 의원을 선출하고, 승리한 정당의 대표가 총리가 되어 행정부인 ❶ ☐☐ 을 만듦. • 의회와 행정부가 서로 협력함.	• 국민이 선거로 대통령과 의원을 각각 선출하고, 대통령이 독립적으로 행정부를 만듦. • 의회와 행정부가 서로를 견제함.
	장점	정책 결정과 집행이 빠르고 효율적임.	❷ ☐☐☐ 이 국가를 운영하는 동안 정책을 꾸준히 펼칠 수 있음.
	단점	한 정당이 의회와 내각을 모두 차지하여 ❸ ☐☐ 를 부릴 수 있음.	의회와 행정부의 의견이 다르면 정책을 효율적으로 펼치기 어려움.

주제 확인

빈칸에 알맞은 말을 써서 이 글의 주제를 완성해 보자.

현대 민주 국가의 대표적 ☐☐ 형태인 의원 내각제와 대통령제의 특징과 장단점

내용 확인

1 이 글의 내용과 일치하지 <u>않는</u> 것은?

① 의회는 법률을 정하는 입법부이다.
② 행정부는 법률을 집행하는 국가 기관이다.
③ 의원 내각제를 실시하는 대표적인 국가는 영국이다.
④ 대통령제와 의원 내각제는 정부에 입법부가 있는지에 따라 구분된다.
⑤ 우리나라는 대통령제를 채택하고 있으나 의원 내각제 요소도 지니고 있다.

내용 추론

2 이 글을 읽고 다음과 같이 말했을 때, 그 이유로 적절한 것은?

> 의원 내각제에서는 정부 정책을 결정할 때 한 정당이 횡포를 부릴 수도 있다.

① 대통령이 강력한 권한을 지니기 때문이다.
② 국민이 선거로 직접 내각의 장관을 선출하기 때문이다.
③ 의회와 내각이 서로를 견제하면서 국가를 운영하기 때문이다.
④ 의회가 아닌 내각에서 국가를 다스리는 법률을 제정하기 때문이다.
⑤ 의회에서 많은 수의 의원을 가진 정당이 내각을 구성하기 때문이다.

내용 추론

3 보기는 어느 국가의 정부 구성 방식을 그림으로 나타낸 것이다. 이 국가의 정부 형태에 대한 설명으로 적절한 것은?

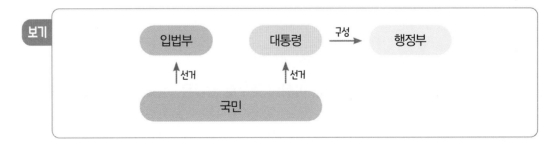

① 의회와 행정부가 서로 독립적으로 구성된다.
② 의회에서 국민을 대신하여 국가의 대표를 선출한다.
③ 의회와 행정부가 밀접한 관계를 맺고 정책을 집행한다.
④ 의회가 강한 권한을 가져 대통령의 독재가 나타날 수 있다.
⑤ 가장 많은 수의 표를 얻은 정당의 대표가 행정부를 구성한다.

08

귀를 지키는 귀지

☑ 어휘 체크

뜻을 알고 있는 어휘에
V표를 해 보세요.

이물질 ☐

연약하다 ☐

습도 ☐

유형 ☐

정화 ☐

1 한자로 어휘 알기

한자와 어휘의 뜻을 읽고, 빈칸에 알맞은 어휘를 써 보자.

| 다르다 **이** 異 | 물건 **물** 物 | 바탕 **질** 質 |
뜻 정상적이 아닌 다른 물질.
예 눈에 **1** ☐☐☐ 이 들어가자 눈이 너무 따가워서 눈물이 났다.

| 젖다 **습** 濕 | 정도 **도** 度 |
뜻 공기 가운데 수증기가 들어 있는 정도.
예 비가 오는 날은 **2** ☐☐ 가 높아 빨래가 잘 마르지 않는다.

| 무리 **유** 類 | 모형 **형** 型 |
뜻 서로 비슷한 성질이나 모양을 가진 것끼리 모여서 이루는 종류.
예 생물은 크게 식물과 동물 두 **3** ☐☐ 으로 나눌 수 있다.

| 깨끗하다 **정** 淨 | 되다 **화** 化 |
뜻 더러운 것이나 바람직하지 않은 것을 깨끗하게 함.
예 식물은 오염된 공기를 **4** ☐☐ 한다.

2 문장에서 어휘 알기

밑줄 친 어휘의 뜻으로 알맞은 것을 골라 보자.

- 아기의 피부는 <u>연약해서</u> 상처가 나기 쉽다.
- 그 사람은 <u>연약해서</u> 무거운 물건을 들지 못한다.

① 단단하지 않고 힘이 약하다.
② 모양, 생김새 따위가 산뜻하고 아름답다.
③ 행동이 느리고 움직이거나 일하기를 싫어하다.

1문단 사람의 귀는 외이, 중이, 내이 세 부분으로 나눌 수 있다. 이 중 외이에는 먼지와 같은 **이물질**을 막아 주는 작은 털들과 수많은 분비샘이 있는데, 바로 이 외이에서 귀지가 만들어진다. 귀지는 귓구멍 속에 있는 4,000개가 넘는 땀샘과 피지샘에서 나온 분비물이 죽은 피부의 껍질이나 귓속에 들어온 먼지와 섞여 만들어진 것이다.

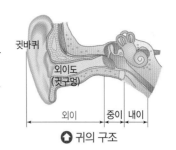
○ 귀의 구조

2문단 귓구멍은 지름이 1센티미터도 안 될 정도로 매우 좁고 구부러져 있어서, 귓구멍에 대해 알고 싶어도 눈으로 자세히 들여다보기 어렵다. 귓구멍은 물렁한 뼈와 단단한 뼈가 섞여 구성되어 있으며 그 위를 아주 얇은 피부가 덮고 있기 때문에 매우 **연약하다**. 그래서 귓구멍 안은 가려움증이나 ⓐ통증에 예민하고 다쳤을 때 증상이 심하게 나타날 수 있다. 이렇게 약한 귓구멍 안을 보호해 주는 것이 바로 귀지이다.

3문단 귀지는 외이에 있는 작은 털들과 함께 귓속으로 들어오려고 하는 먼지나 벌레와 같은 이물질들을 막아 주는 역할을 한다. 세균이나 바이러스의 ⓑ침입을 막고 귓속의 **습도**를 적절하게 ⓒ유지하는 일도 한다. 이처럼 귀지는 단순히 귓구멍 속에 낀 때가 아니라, 귀의 건강을 지켜 주는 파수꾼이기도 하다.

4문단 귀지는 그 성질에 따라 두 **유형**으로 나눌 수 있다. 어떤 귀지는 색이 진하며 축축하고 기름기가 흐르는데 이러한 귀지를 '젖은 귀지'라고 한다. 또, 어떤 귀지는 노랗거나 회색이며 쌀알처럼 ⓓ건조하여 잘 바스러지는데 이러한 귀지는 '마른 귀지'라고 한다. 서양 사람들에게는 젖은 귀지가 많고, 동양 사람들에게는 대체로 마른 귀지가 많다. 사람에 따라 귀지의 색이나 특성이 다를 수 있지만, 귀지의 역할은 같다.

5문단 어떤 사람들은 귀지가 지저분하다고 생각하여 자꾸 귀지를 ⓔ제거하려고 한다. 하지만 귀지는 귀의 건강을 지키는 중요한 역할을 하고 있으므로 귀지를 억지로 파내는 것은 위험할 수 있다. 귀지를 파내지 않아도 귀의 외이에는 자연 **정화** 기능이 있어 우리가 생활하는 동안 자연스럽게 귀지가 귀 밖으로 나간다.

🐱 '분비샘'은 무엇일까? 분비샘은 세포에서 만든 물질을 내보내는 기관으로, 내분비샘과 외분비샘으로 나뉜다. 내분비샘은 물질을 직접 몸속이나 혈액으로 내보내는 샘이고, 외분비샘은 몸 밖이나 외부와 연결된 분비관을 통해 물질을 내보내는 샘이다.

문단별 핵심 정리

핵심어를 넣어 각 문단의 중심 내용을 정리해 보자.

1문단 귀지는 분비물, 죽은 피부 껍질, 먼지 등이 섞인 것으로 **①** ☐☐ 에서 만들어진다.

2문단 귀지는 연약하고 예민한 **②** ☐☐☐ 안을 보호해 준다.

3문단 귀지는 이물질과 세균 등을 막고, 귓속 **③** ☐☐ 를 적절하게 유지하는 일을 한다.

4문단 귀지의 유형은 젖은 귀지와 **④** ☐☐ 귀지로 나눌 수 있다.

5문단 귀지는 **⑤** ☐ 의 건강을 지키는 일을 하므로 귀지를 억지로 파내는 것은 위험하다.

핵심 내용 구조화

핵심 내용을 구조화하여 정리해 보자.

귀지

구성 물질	외이에서 땀샘과 피지샘에서 나온 **①** ☐☐☐ 과 죽은 피부 껍질, 먼지 등이 섞여 만들어짐.
역할	• 연약한 귓구멍 안을 보호함. • 귓속으로 들어오는 이물질과 세균, 바이러스를 막음. • 귓속의 습도를 적절하게 유지함.
유형	• 젖은 귀지: 색이 진하며 축축하고 기름기가 흐름. • **②** ☐☐ 귀지: 노랗거나 회색이며 쌀알처럼 건조하여 잘 바스러짐.
주의점	귀의 건강을 지키는 역할을 하므로 귀지를 억지로 파내면 위험함.

주제 확인

빈칸에 알맞은 말을 써서 이 글의 주제를 완성해 보자.

분비물과 죽은 피부 껍질, 먼지 등이 섞여 만들어진 귀지는 귀의 ☐☐ 을 지켜 주므로 억지로 파내지 않도록 주의한다.

내용 확인 — 1 이 글을 읽고 알 수 없는 정보는?

① 귀지의 유형
② 귀지를 구성하는 물질
③ 귀지가 우리 몸에서 하는 일
④ 귓속에 침입하는 세균의 종류
⑤ 귀지를 억지로 파내면 안 되는 이유

내용 추론 — 2 이 글을 읽은 학생들의 반응으로 적절한 것은?

① 정우: 귀지를 파내면 세균을 없앨 수 있겠구나.
② 서호: 귓속에 작은 털들이 많으면 먼지가 더 잘 들어오겠구나.
③ 윤서: 귓속의 습도를 적절히 조절하려면 귀지를 제거해야겠구나.
④ 현정: 동양 사람인 나와 엄마는 마른 귀지가 있을 가능성이 높겠구나.
⑤ 은하: 색깔과 마른 정도가 다른 두 귀지는 서로 다른 역할을 하겠구나.

어휘 이해 — 3 ⓐ~ⓔ의 뜻으로 적절하지 않은 것은?

① ⓐ 통증: 아픔을 느끼는 것.
② ⓑ 침입: 침범하여 들어가거나 들어옴.
③ ⓒ 유지: 어떤 상태나 상황을 그대로 이어 가거나 계속함.
④ ⓓ 건조: 분위기나 정신이 여유 없이 딱딱함.
⑤ ⓔ 제거: 없애 버림.

09 기술

스스로 달리는 자동차

✓ 어휘 체크

뜻을 알고 있는 어휘에
V표를 해 보세요.

결함 ☐

지속적 ☐

대비 ☐

보급 ☐

뒷받침 ☐

1 한자로 어휘 알기

한자와 어휘의 뜻을 읽고, 빈칸에 알맞은 어휘를 써 보자.

부족하다 결 缺
빠지다 함 陷

> 뜻 어떤 것을 완전하지 못하게 하는 부분이나 요소.
>
> 예 기계에 **1** ☐☐ 이 생겨 작동하지 않는다.

가지다 지 持
계속하다 속 續
~하는 것 적 的

> 뜻 어떤 상태가 오래 계속되는 것.
>
> 예 나는 **2** ☐☐☐ 으로 버려진 동물들을 돌보는 봉사 활동을 하고 있다.

마주하다 대 對
준비하다 비 備

> 뜻 앞으로 일어날지도 모르는 어떠한 일에 대응하기 위하여 미리 준비함.
>
> 예 화재에 **3** ☐☐ 하기 위해 화재 경보기를 설치하였다.

넓다 보 普
미치다 급 及

> 뜻 널리 펴서 많은 사람들에게 골고루 미치게 하여 누리게 함.
>
> 예 태권도는 전 세계에 **4** ☐☐ 된 우리나라 운동이다.

2 문장에서 어휘 알기

밑줄 친 어휘의 뜻으로 알맞은 것을 골라 보자.

> • 연기력이 <u>뒷받침</u>되지 않으면 배우가 되기 어렵다.
> • 지우는 가족들의 <u>뒷받침</u> 덕분에 성공할 수 있었다.

① 복잡한 상태나 일의 끝을 바로잡음. 또는 그런 일.
② 드러나지 않게 은밀히 살피고 알아봄. 또는 그런 일.
③ 뒤에서 지지하고 도와주는 일. 또는 그런 사람이나 물건.

1문단 4차 산업혁명 시대를 맞아 교통 분야에서 사람들이 가장 관심을 가지는 기술은 자율 주행이라 할 수 있다. 자율 주행은 자동차가 스스로 운전 환경을 판단하고, 위험 상황이나 사고를 예상하여 안전하게 운전하는 기술이다. 현재 미국 샌프란시스코에서는 자율 주행 택시가 운행하고 있으며, 우리나라의 일부 지역에서도 자율 주행 자동차를 시험 운행하고 있다. 세계의 여러 기업들은 더 발전된 자율 주행 자동차를 개발하기 위해 경쟁하고 있다.

2문단 자율 주행 자동차에는 주변을 인식하는 카메라와 센서, 정보를 처리하는 인공지능 컴퓨터 등 첨단 기술이 사용된다. 카메라, 센서, 컴퓨터는 사람의 감각과 뇌를 대신하여 자동차를 안전하게 운행한다. 주변 영상 정보를 바탕으로 장애물을 피하는 기술, 자동차의 **결함**을 스스로 판단하는 기술, 자동차 간의 거리를 측정하는 기술, 차선에 맞추어 운행하는 기술, 다른 자동차의 속도를 인식하는 기술, 정해진 공간에 맞게 주차하는 기술, 도로 표지판을 읽는 기술, 스마트 기기와 연결하여 운전자가 자동차를 타지 않고도 조작할 수 있는 기술 등이 **지속적**으로 연구되고 있다. 이런 기술들이 적용되면 자동차는 운전자가 부르면 달려와서 원하는 장소까지 교통 규칙을 잘 지키며 스스로 운전할 수 있게 된다.

3문단 자율 주행 자동차가 발전하면 우리의 삶에 어떤 영향을 미칠까? 자동차가 교통 정보를 스스로 알아내서 예상치 못한 상황에 **대비**하고, 운전자의 상태와 상관없이 안전 운전이 가능해 교통사고가 줄어들 것이다. 또, 장애인과 노인 등 자동차를 이용하기 어려웠던 사람들의 이동이 편리해질 것이다. 마지막으로 운전자가 자동차에 타서 이동하는 시간에 다른 일을 할 수 있어 시간을 효율적으로 사용할 수 있을 것이다.

4문단 이렇게 편리한 자율 주행 자동차를 널리 **보급**하기 위해서는 기술 발달 이외에도 필요한 일들이 있다. 먼저 자율 주행 자동차의 안정성에 대해 사람들의 신뢰를 얻어야 한다. 그리고 자율 주행 자동차 시스템에 적합한 도로와 교통 시설을 갖춰야 한다. 기술의 발달과 함께 사회적 **뒷받침**이 이루어진다면 스스로 달리는 자동차를 일상에서 머지않아 볼 수 있을 것이다.

'4차 산업혁명'은 무엇일까? '산업혁명'은 기술의 발전과 그에 따른 사회의 큰 변화를 뜻한다. 1차 산업혁명은 기술의 발전, 2차 산업혁명은 전기의 개발, 3차 산업혁명은 인터넷의 발전으로 일어났다. 4차 산업혁명은 인공지능(AI) 기술, 로봇 기술, 가상 현실(VR) 기술, 자율 주행 기술 등을 통해 실제와 가상 현실을 연결함으로써 일어난 변화이다.

문단별 핵심 정리

핵심어를 넣어 각 문단의 중심 내용을 정리해 보자.

1문단 자율 주행은 자동차가 스스로 안전하게 **1** ☐☐ 하는 기술이다.

2문단 자율 주행 자동차에는 다양한 첨단 **2** ☐☐ 이 사용된다.

3문단 자율 주행 자동차가 발전하면 우리의 **3** ☐ 에 긍정적인 영향을 미칠 것이다.

4문단 자율 주행 자동차를 널리 **4** ☐☐ 하려면 안정성에 대한 신뢰와 적합한 도로 교통 시설이 필요하다.

핵심 내용 구조화

핵심 내용을 구조화하여 정리해 보자.

자율 주행 자동차

개념	자동차가 스스로 운전 환경을 판단하고, 위험 상황이나 사고를 예상하여 안전하게 운전하는 기술
사용된 기술	주변을 인식하는 카메라와 센서, 인공지능 컴퓨터 등의 첨단 기술
우리의 삶에 미치는 영향	• 안전 운전이 가능해 **1** ☐☐☐☐ 가 줄어들 것임. • 자동차를 이용하기 어려웠던 사람들의 이동이 편리해짐. • 자동차로 이동하는 시간을 효율적으로 사용할 수 있음.
보급을 위해 필요한 일	• 안정성에 대한 사람들의 신뢰를 얻어야 함. • 자율 주행 자동차 시스템에 적합한 **2** ☐☐ 와 교통 시설을 갖춰야 함.

주제 확인

빈칸에 알맞은 말을 써서 이 글의 주제를 완성해 보자.

☐☐☐☐ 기술은 우리 삶에 긍정적인 영향을 미칠 것이며, 기술의 발달과 함께 사회적 뒷받침이 이루어진다면 자율 주행 자동차를 일상에서 볼 수 있을 것이다.

1 자율 주행 자동차의 기술로 적절하지 <u>않은</u> 것은?

① 앞차와의 거리를 측정한다.
② 다른 차의 속도를 인식한다.
③ 도로 표지판을 읽고 의미를 파악한다.
④ 차선을 인식하고 차선을 따라서 운전한다.
⑤ 최대한 빠르게 목적지에 도착하도록 교통 신호를 바꾼다.

2 이 글을 읽고 보인 반응으로 적절하지 <u>않은</u> 것은?

① 자율 주행 자동차가 안전하다는 사회적 동의를 얻어야겠군.
② 자율 주행 기술만이 아니라 적합한 도로와 교통 시설도 갖추어야겠군.
③ 자동차로 이동하는 것이 더 편리해지고 이동 시간을 효율적으로 쓸 수 있겠군.
④ 자율 주행 자동차는 졸음 운전이나 음주 운전으로 인한 교통사고를 내지 않겠군.
⑤ 세계의 여러 기업이 경쟁하므로 자율 주행 기술은 지속적으로 발전하기 어렵겠군.

3 자율 주행 자동차의 보급에 대해 토론한 내용 중, 글쓴이의 관점과 같은 것은?

① 운전이 능숙하지 않은 사람들도 자동차를 편리하게 이용할 수 있습니다.
② 자율 주행 자동차의 시스템에 오류가 나면 큰 교통사고가 날 수 있습니다.
③ 화물 운반, 택시 운전 같은 직업을 가진 사람들이 직업을 잃을 수 있습니다.
④ 사고가 났을 때 컴퓨터는 인간과 같은 도덕적, 종합적 판단을 할 수 없습니다.
⑤ 자율 주행 자동차끼리 사고가 나면 어떤 자동차의 책임인지 판단하기 어렵습니다.

10 예술

빛으로 지은 건축물

어휘 체크

뜻을 알고 있는 어휘에
V표를 해 보세요.

양식	☐
영향	☐
극대화	☐
경외감	☐
주도적	☐

1 한자로 어휘 알기

한자와 어휘의 뜻을 읽고, 빈칸에 알맞은 어휘를 써 보자.

| 모양 양 樣 법 식 式 | 뜻 예술 작품이나 건축물 등에 나타나는 독특한 표현 형식. 예 이 집은 전통 한옥 **1** ☐☐ 으로 지어졌다. |

| 그림자 영 影 울리다 향 響 | 뜻 무엇에 원인이 되거나 다른 것에 힘을 미치어 변화가 생기는 것. 예 햇빛은 식물의 성장에 **2** ☐☐ 을 끼친다. |

| 공경 경 敬 두렵다 외 畏 느끼다 감 感 | 뜻 공경하면서 두려워하는 감정. 예 거대한 폭포를 보니 자연에 대한 **3** ☐☐☐ 이 든다. |

| 주인 주 主 이끌다 도 導 ~하는 것 적 的 | 뜻 중심이 되어 어떤 일을 이끄는 것. 예 그는 우리 모임을 **4** ☐☐☐ 으로 이끌어 간다. |

2 문장에서 어휘 알기

밑줄 친 어휘의 뜻으로 알맞은 것을 골라 보자.

- 그 차는 강한 철판을 사용하여 안전성을 극대화하였다.
- 유명한 연예인이 광고에 등장하자 광고 효과가 극대화되었다.

① 아주 커짐. 아주 크게 함.
② 보람이나 효과가 없게 됨.
③ 현실로 됨. 현실에 맞게 만듦.

1문단 중세 시대에는 교회의 힘이 매우 강하였다. 따라서 성당이나 수도원 등의 종교 건축이 눈부신 발전을 하였는데 그 시대의 대표적인 건축 양식으로 고딕 **양식**이 있다. 중세 시대에는 신이 존재하는지 증명하고 신에게 다가가려는 노력이 한창이었다. 고딕 양식은 이러한 흐름에 **영향**을 받아 신의 존재를 느낄 수 있도록 하는 데 중점을 두었다. 하늘에서 쏟아지는 빛이 신이 나타나는 것이라고 생각한 당시의 사람들은 고딕 양식을 통해 빛으로 가득 찬 성당을 짓고자 하였다.

2문단 성당 안을 빛으로 가득 차게 하려면 창문이 많고 커야 했기 때문에 성당은 높게 지어졌다. 건물이 높아지면 벽이 무거운 천장을 버티기 어려워진다. 그래서 바깥에서 성당의 벽을 떠받치는 장치인 '플라잉 버트레스'를 만들어 건물을 떠받쳤다. 그리고 '포인티드 아치'라고 불리는 뾰족하게 솟아오른 형태의 둥근 아치형 천장을 사용하여 성당을 높게 지었다. 이렇게 높고 뾰족한 건물과 첨탑을 건축하여 신과 가까워지려는 종교적 열망을 표현하였다.

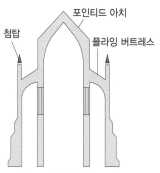
● 고딕 양식 건축물의 구조

3문단 고딕 양식에서는 높은 성당의 벽에 거대한 창문을 뚫어 성당 안을 빛으로 밝혔고, 창문은 스테인드글라스로 장식하여 신비롭고 화려한 느낌을 주었다. 스테인드글라스는 여러 가지 색의 유리를 조화롭게 붙여서 장식하는 기법이다. 중세 시대에는 신과의 연결을 중시하였으므로 스테인드글라스 창문에 성경 속 이야기들을 표현하여 사람들에게 성경의 내용을 전달하였다.

● 스테인드글라스

4문단 성당이 높아지면서 성당이 천국에 닿아 있다는 느낌을 줄 수 있었다. 또한 스테인드글라스로 장식된 거대하고 화려한 창문은 기존 교회의 우울한 분위기를 없애고 신비롭고 종교적인 분위기를 **극대화**하였다. 성당을 방문하는 사람들은 자신을 낮추고 신과 천국의 존재에 **경외감**을 갖게 되었다. 이와 같이 고딕 양식은 사람들에게 신에 대한 경외감과 열망을 느끼게 하였기에 중세 시대에 유럽 전 지역에서 사용되었으며, 약 300년 동안 **주도적인** 건축 양식이 되었다.

문단별 핵심 정리 핵심어를 넣어 각 문단의 중심 내용을 정리해 보자.

1문단 ❶ ☐☐ 시대에는 종교 건축이 발달했으며, 대표적인 것이 고딕 양식이다.

2문단 고딕 양식에서는 성당 안을 빛으로 가득 차게 하기 위해 건물을 ❷ ☐☐ 지었다.

3문단 고딕 양식의 성당 내부는 거대한 ❸ ☐☐ 과 스테인드글라스로 인해 신비롭고 화려한 느낌을 주었다.

4문단 고딕 양식은 ❹ ☐ 에 대한 경외감과 열망을 느끼게 하였고, 중세 시대에 유럽 전 지역에서 사용되었다.

핵심 내용 구조화 핵심 내용을 구조화하여 정리해 보자.

고딕 양식

배경	❶ ☐☐ 의 힘이 매우 강했던 중세 시대에 신의 존재를 느낄 수 있게 하는 종교 건축이 발달함.
건축적 특징	• ❷ ☐ 으로 가득 찬 성당을 만들기 위해 건물을 높게 지음. • 높은 건물과 첨탑을 만들어 신과 가까워지려는 종교적 열망을 표현함. • 거대한 창문을 만들어 성당 안에 빛이 많이 들어오게 함. • 성경 속 이야기를 스테인드글라스로 담아내 신비롭고 화려한 느낌을 줌.
영향	천국에 닿아 있다는 느낌을 주며 종교적인 분위기를 극대화함. → 사람들이 신과 천국의 존재에 ❸ ☐☐☐ 을 갖게 됨.

주제 확인 빈칸에 알맞은 말을 써서 이 글의 주제를 완성해 보자.

☐☐ 양식의 건축은 높고 뾰족한 건물 형태, 거대한 창문, 화려한 스테인드글라스를 사용하여 중세 사람들에게 신에 대한 경외감과 열망을 갖게 하였다.

내용 확인 **1** 이 글에서 알 수 있는 내용으로 적절하지 <u>않은</u> 것은?

① 중세 시대에는 종교 건축이 발전하였다.
② 고딕 양식은 중세 시대의 주도적인 건축 양식이었다.
③ 중세 시대 사람들은 빛을 신이 나타나는 것으로 생각하였다.
④ 고딕 양식에서는 커다란 창을 만들기 위해서 건물을 낮게 지었다.
⑤ 고딕 양식 성당은 신의 존재를 감각적으로 느낄 수 있도록 건축되었다.

내용 확인 **2** 고딕 양식의 건축물이 당시 사람들에게 준 영향으로 적절한 것은?

① 기존 교회의 우울한 분위기를 강조할 수 있었다.
② 누구나 신이 될 수 있다는 생각을 지니게 하였다.
③ 성직자만 천국에 갈 수 있다는 믿음을 갖게 하였다.
④ 자신을 낮추고 신과 천국의 존재에 경외감을 느끼게 하였다.
⑤ 신에 대한 신비감을 없애고 신이 가까이 있다고 믿게 하였다.

내용 추론 **3** 를 읽은 후 추측한 내용으로 적절하지 <u>않은</u> 것은?

보기 왼쪽 사진은 독일에 있는 쾰른 대성당의 모습이다. 쾰른 대성당은 독일에서 가장 잘 알려진 건축물이자, 유럽을 대표하는 종교 건축물 중에 하나이다. 쾰른 대성당은 1248년부터 약 600년 동안 건축되었으며 세계에서 세 번째로 높은 성당이다. 또한 중세 시대의 대표적 건축 양식인 고딕 양식으로 지어진 위대한 건축물 중에 하나이다.

① '포인티드 아치'와 높은 첨탑을 건축했을 거야.
② 창문에는 성당을 지은 건축가의 모습을 표현했을 거야.
③ 커다란 창이 많아서 성당 안에 빛이 많이 들어왔을 거야.
④ 성당의 벽을 바깥에서 떠받치기 위한 장치를 사용하여 지었을 거야.
⑤ 스테인드글라스를 사용하여 성당 안의 종교적 분위기를 극대화했을 거야.

어휘 review

배운 어휘를 떠올리며 뜻을 아는 어휘에 V표를 해 보자.

06 학습 어휘

☐ 임무 ☐ 근본
☐ 부당 ☐ 청렴
☐ 수양

07 학습 어휘

☐ 선출 ☐ 밀접
☐ 횡포 ☐ 독립적
☐ 견제

08 학습 어휘

☐ 이물질 ☐ 연약하다
☐ 습도 ☐ 유형
☐ 정화

09 학습 어휘

☐ 결함 ☐ 지속적
☐ 대비 ☐ 보급
☐ 뒷받침

10 학습 어휘

☐ 양식 ☐ 영향
☐ 극대화 ☐ 경외감
☐ 주도적

문제로 어휘 확인하기

1 다음 뜻을 참고하여 알맞은 어휘를 쓰시오.

1 그는 다른 선수들을 [ㄱ][ㅈ] 하며 달렸다. ( )

상대가 지나치게 세력을 펴거나 자유롭게 행동하지 못하게 함.

2 조선 시대 선비들은 [ㅊ][ㄹ] 하게 살기 위해 노력했다.

성품과 행동이 깨끗하고 헛된 욕심이 없음. ( )

3 선생님께서 [ㅈ][ㄷ][ㅈ] 으로 우리 반 회의를 진행하셨다.

중심이 되어 어떤 일을 이끄는 것. ( )

4 실내 [ㅅ][ㄷ] 는 우리의 건강과 [ㅁ][ㅈ] 하게 관련이 있다.

공기 가운데 수증기가 들어 있는 정도. 아주 가깝게 맞닿아 있음.

(,)

5 정부는 [ㅈ][ㅅ][ㅈ] 으로 친환경 에너지를 [ㅂ][ㄱ] 했다.

어떤 상태가 오래 계속되는 것. 널리 펴서 많은 사람들에게 골고루 미치게 하여 누리게 함.

(,)

2 다음 뜻을 보고 보기 에서 알맞은 어휘를 찾아 쓰시오.

보기: 수양 횡포 정화 유형 대비 임무 독립적

1 맡은 일. 또는 맡겨진 일. ( )

2 남에게 함부로 거칠게 굴며 몹시 사나움. ( )

3 더러운 것이나 바람직하지 않은 것을 깨끗하게 함. ( )

4 몸과 마음을 단련하여 성품, 지식, 도덕 따위를 기르는 것.

( )

5 서로 비슷한 성질이나 모양을 가진 것끼리 모여서 이루는 종류.

( )

6 남의 간섭이나 도움을 받지 않고 남의 지배 아래에 있지 않는 것.

( )

7 앞으로 일어날지 모르는 어떠한 일에 대응하기 위해 미리 준비함.

( )

3 빈칸에 들어갈 알맞은 어휘를 찾아 선으로 이으시오.

1 자동차에 [   ]이 생겨 자동차가 움직이지 않는다.

2 그의 주장을 [   ]할 확실한 증거가 발견되었다.

3 손님의 [   ]한 요구를 사장이 단호하게 거절했다.

4 음식을 만들 때에는 [   ]이 들어가지 않도록 주의해야 한다.

5 한라산을 가까이에서 직접 보니 너무 거대해서 [   ]이 든다.

6 그녀는 이번 선거에서 치열한 경쟁 끝에 국회 의원으로 [   ]되었다.

- 부당
- 선출
- 결함
- 뒷받침
- 이물질
- 경외감

4 다음 문장 중 밑줄 친 어휘가 잘못 쓰인 것은?

① 시대에 따라 유행하는 그림 양식이 존재한다.
② 유교는 조선 시대 학문과 생활에 많은 영향을 주었다.
③ 어미 새는 연약한 새끼를 보호하기 위해 날개를 크게 펼쳤다.
④ 그는 화재의 피해를 극대화하기 위해 빠르게 119에 신고했다.
⑤ 민주주의의 근본은 국민을 국가의 주인이라고 생각하는 것이다.

3주차

주간 학습 계획표

배울 내용	독해 난도	학습 날짜	학습 확인
표준어와 방언의 의미 및 특성을 제시하며 표준어와 방언이 지닌 가치를 설명하는 글입니다.	초4 초5 초6	월 일	☐
중등 교과 제재 합리적인 선택의 필요성과, 합리적인 선택을 하기 위해서 비용과 편익을 고려해야 함을 주장하는 글입니다.	초4 초5 초6	월 일	☐
정전기 발생 원리, 정전기가 잘 생기는 환경과 산업체에서의 정전기로 인한 사고 대비책을 설명하는 글입니다.	초4 초5 초6	월 일	☐
메타버스의 개념과 기술을 설명한 뒤, 메타버스의 활용 현황과 전망에 대해 서술한 글입니다.	초4 초5 초6	월 일	☐
중등 교과 제재 환경 문제가 심각해지면서 주목받고 있는 그린 디자인의 의미와 적용 사례, 가치를 설명하는 글입니다.	초4 초5 초6	월 일	☐

매일 공부를 마치면, 학습 확인 칸에 ○표를 하세요.

11

표준어와 방언

✓ 어휘 체크

뜻을 알고 있는 어휘에
V표를 해 보세요.

우월 ☐

기반 ☐

정서 ☐

특색 ☐

다양성 ☐

1 한자로 어휘 알기

한자와 어휘의 뜻을 읽고, 빈칸에 알맞은 어휘를 써 보자.

| 뛰어나다 우 優
넘다 월 越 | 뜻 다른 것보다 나음.
예 내 짝은 나보다 수학 실력이 **1** ☐☐ 하다. |

| 터 기 基
받침 반 盤 | 뜻 기초가 되는 바탕.
예 판소리는 전해 내려오는 이야기에 **2** ☐☐ 을 두고 있다. |

| 뜻 정 情
실마리 서 緒 | 뜻 사람의 마음에 일어나는 여러 가지 감정.
예 각 고장의 민요에는 그 지역의 **3** ☐☐ 가 담겨 있다. |

| 많다 다 多
모양 양 樣
성질 성 性 | 뜻 모양, 빛깔, 형태, 양식 따위가 여러 가지로 많은 특성.
예 서로 다른 문화에서 살아온 사람들이 함께 살아가려면 각자의 **4** ☐☐☐ 을 인정해야 한다. |

2 문장에서 어휘 알기

밑줄 친 어휘의 뜻으로 알맞은 것을 골라 보자.

> • 운동복은 각 운동의 <u>특색</u>에 맞게 디자인된다.
> • 이 곡은 피아노의 <u>특색</u>을 효과적으로 살려 만들어졌다.

① 특별히 지정함.
② 보통의 것과 다른 점.
③ 남이 가지지 못한 특별한 기술이나 기능.

1문단 표준어는 국민 누구나가 공통적으로 쓸 수 있게 마련한 공용어이다. 그리고 한 언어에서, 사용하는 지역이나 사회 계층에 따라 달라진 말을 방언이라고 한다. 방언 중에서도 지역에 따라 다르게 쓰는 말을 지역 방언이라고 하고, 직업이나 연령, 성별 등 사회 계층에 따라 특징적으로 쓰는 말을 사회 방언이라고 한다. 지역 간의 거리가 멀면 방언의 차이가 크고, 교통이 발달하지 않은 지역이나 옛날에 다른 나라에 속했던 지역 사이에도 방언의 차이가 크게 나타난다.

2문단 표준어는 주로 수도 지역의 방언을 기준으로 삼는다. 우리나라 역시 서울말을 표준어로 삼고 있다. 하지만 이것이 서울말이 더 **우월**하다는 의미는 아니다. 서울말을 표준어로 삼는 이유는 수도인 서울이 정치, 경제, 문화적으로 나라의 중심이 되는 역할을 하고 있기 때문이다. 표준어를 사용하면 말하는 사람이나 지역에 관계없이 효과적으로 의사소통을 할 수 있고, 말하는 내용도 사람들이 쉽게 이해할 수 있기 때문에 지식이나 정보를 전달할 때도 유용하다.

3문단 표준어는 여러 방언 가운데 하나를 중심으로 정한 것이기 때문에, 표준어의 **기반**은 방언에 있다고 할 수 있다. 즉, 방언이 없으면 표준어도 존재할 수 없다. 또 방언에는 여러 지역 사람들의 **정서**와 **특색**이 담겨 있기 때문에 방언은 문화의 **다양성**을 엿볼 수 있는 소중한 문화유산이기도 하다. 아울러 방언은 특정한 지역의 사람들이 함께 사용하는 말이므로, 같은 방언을 쓰는 사람들 사이에 친근감을 느끼게 해 주는 역할도 한다.

4문단 방언을 보존하고 잘 사용하려면 방언에 대한 올바른 생각을 지녀야 한다. 표준어가 방언보다 우월하다거나 세련되었다고 여기는 것은 잘못된 태도이다. 물론 공식적인 자리에서는 표준어를 사용해야 하지만, 비공식적인 자리에서까지 항상 표준어만 써야 하는 것은 아니다. 표준어와 방언을 상황에 맞게 사용하는 태도가 중요하다. 이처럼 표준어와 방언은 각각의 역할이 있으므로 표준어와 방언 모두를 소중히 여기는 인식이 필요하다.

문단별 핵심 정리

핵심어를 넣어 각 문단의 중심 내용을 정리해 보자.

1문단 ① ☐☐☐ 는 공용어이고, 방언은 지역이나 사회 계층에 따라 달라진 말이다.

2문단 표준어는 주로 ② ☐☐ 지역의 방언을 기준으로 삼는다.

3문단 표준어의 기반은 ③ ☐☐ 에 있으며, 방언은 그 자체의 가치를 지니고 있다.

4문단 표준어와 ④ ☐☐ 을 모두 소중히 여기는 인식이 필요하다.

핵심 내용 구조화

핵심 내용을 구조화하여 정리해 보자.

표준어와 방언의 관계

	표준어	방언
의미	국민 누구나가 공통적으로 쓸 수 있게 마련한 ① ☐☐☐	한 언어에서, 사용하는 ② ☐☐ 이나 사회 계층에 따라 달라진 말
가치	• 효과적인 ③ ☐☐☐☐ 을 가능하게 함. • 모든 사람들이 쉽게 이해할 수 있어 지식이나 정보를 전달할 때 유용함.	• 문화의 다양성을 엿볼 수 있는 소중한 문화유산임. • 같은 방언을 쓰는 사람들끼리 친근감을 느끼게 함.

주제 확인

빈칸에 알맞은 말을 써서 이 글의 주제를 완성해 보자.

표준어와 ☐☐ 의 특성과 가치를 알고 모두를 소중히 여기는 인식이 필요하다.

1 **이 글의 내용과 일치하지 않는 것은?**

① 우리나라는 서울말을 표준어로 삼는다.

② 표준어는 지역 방언 중 가장 우월한 것을 기준으로 한다.

③ 지역 방언은 한 언어에서, 지역에 따라 다르게 쓰는 말이다.

④ 표준어는 국민 누구나가 공통적으로 쓸 수 있게 마련한 공용어이다.

⑤ 사회 방언은 한 언어에서, 사회 계층에 따라 특징적으로 쓰는 말이다.

2 **표준어와 방언의 가치로 적절하지 않은 것은?**

① 방언을 통해 그 지역의 정서나 특색을 느낄 수 있다.

② 방언을 통해 각 지역의 문화적 다양성을 엿볼 수 있다.

③ 표준어로 정보를 전달하면 상대가 쉽게 이해할 수 있다.

④ 표준어를 사용하면 상대와 효과적으로 의사소통할 수 있다.

⑤ 서로 다른 방언을 사용하여 대화하면 친밀감을 높일 수 있다.

3 **표준어와 방언을 대하는 태도로 적절한 것은?**

① 지역 방언을 쓰는 사람에게 표준어만 사용하라고 권하였다.

② 방언은 촌스럽다고 생각하여 방언을 일부러 사용하지 않았다.

③ 방언을 알리기 위해 공식적인 자리에서도 방언만 사용하였다.

④ 표준어와 방언은 모두 가치가 있다고 생각하여 소중히 여겼다.

⑤ 표준어가 방언보다 더 나은 언어라고 생각하며 방언을 무시하였다.

12

사회

합리적 선택이란

어휘 체크

뜻을 알고 있는 어휘에
V표를 해 보세요.

욕구	☐
충족	☐
희소	☐
대안	☐
실질적	☐

1 한자로 어휘 알기

한자와 어휘의 뜻을 읽고, 빈칸에 알맞은 어휘를 써 보자.

바라다 **욕** 欲
구하다 **구** 求

뜻 무엇을 얻거나 무슨 일을 하고자 바라는 일.

예 나는 여름이 되면 바다에 가고 싶다는 **1**☐☐를 느낀다.

채우다 **충** 充
넉넉하다 **족** 足

뜻 일정한 분량을 채워 모자람이 없게 함.

예 그는 지적 호기심을 **2**☐☐하기 위해 다양한 책을 읽었다.

드물다 **희** 稀
적다 **소** 少

뜻 매우 드물고 적음.

예 이 물건은 **3**☐☐하여 값이 비싸다.

대답하다 **대** 對
생각 **안** 案

뜻 어떤 일에 대처할 방안.

예 우리는 환경 문제를 해결하기 위한 **4**☐☐을 제시했다.

2 문장에서 어휘 알기

밑줄 친 어휘의 뜻으로 알맞은 것을 골라 보자.

- 그 사람은 이번 일의 <u>실질적</u> 책임자였다.
- 이번 사건을 해결하는 데에 <u>실질적</u> 도움을 준 사람은 바로 그였다.

① 실제적이고 세밀한 부분까지 담고 있는 것.
② 수량이나 범위 따위를 제한하여 정하는 것.
③ 꾸밈이나 겉모양이 아닌 속 내용 자체를 이루는 것.

1문단 우리는 일상생활을 하면서 무엇인가를 가지고 싶은 **욕구**를 느끼게 된다. 하지만 어떤 사람도 원하는 것을 모두 **충족**할 수는 없다. 왜냐하면 욕구를 충족하기 위해서는 돈과 시간 등이 필요한데, 그것은 제한되어 있기 때문이다. 이와 같이 인간의 욕구는 무한한데 이를 충족해 줄 수 있는 자원의 양이 상대적으로 부족한 현상을 자원의 희소성이라고 한다.

2문단 경제적으로 **희소**하다는 것은 자원의 양이 절대적으로 적다는 의미는 아니다. 어떤 자원의 양이 매우 적어도 그것을 원하는 사람이 없으면 그 자원은 희소하지 않다. 반면 어떤 자원의 양이 많아도 그것을 원하는 사람이 자원의 양보다 더 많다면 그 자원은 희소성을 가지게 되어 가격이 올라간다. 자원의 희소성 때문에 개인과 사회는 선택의 문제에 부딪힌다. 예를 들어, 학생이라면 정해진 용돈으로 간식을 사 먹을지 학용품을 살지 선택해야 한다. 정부의 경우는 정해진 예산 안에서 기술 개발을 지원할지 복지 시설을 늘릴지 선택해야 한다.

3문단 선택 상황에서 어느 한 가지를 선택하면 자연스럽게 나머지 **대안**들은 포기해야 한다. 어떤 것을 선택하면서 다른 것을 포기할 때, 포기한 것의 값어치를 기회비용이라고 한다. 만약 친구와 영화를 보기 위해 2시간의 아르바이트를 포기했다면, 아르바이트를 2시간 했을 때 받을 수 있는 금액이 기회비용이 될 수 있다. 사람마다 원하는 것과 필요한 것이 다르기 때문에 선택 상황에서는 기회비용을 고려해야 한다.

4문단 후회 없는 선택을 하려면 합리적으로 선택해야 한다. 즉, 가장 큰 만족을 주는 대안을 선택해야 하는 것이다. 아무리 좋아 보이는 대안이라도 비용이 너무 많이 든다면 선택으로 얻게 되는 **실질적** 편익이 크지 않다. 여기서 비용이란 어떤 것을 선택함으로써 쓰게 되는 돈이나 노력, 시간 등을 말하고, 편익은 그것을 선택함으로써 얻게 되는 이익이나 만족감을 뜻한다. 즉, 같은 비용이 든다면 편익이 가장 큰 것을 선택하고, 같은 편익을 얻는다면 비용이 가장 적은 것을 선택해야 한다.

🐱 '자원'은 무엇일까? '자원'이란 사람의 생활과 생산에 필요한 물질, 재료, 노동력, 기술 등을 뜻한다. 옛날에는 석탄 같은 광물이나 농산물 등 자연에서 얻을 수 있는 천연자원만을 '자원'이라고 했지만 오늘날에는 인간의 노동력 같은 인적 자원이나 예술, 종교, 전통 등의 문화적 자원을 포함한다.

문단별 핵심 정리

핵심어를 넣어 각 문단의 중심 내용을 정리해 보자.

1문단 무한한 인간의 욕구를 충족할 수 있는 자원의 양이 상대적으로 부족한 현상을 자원의 ❶ □□□ 이라고 한다.

2문단 자원의 희소성 때문에 개인과 사회는 ❷ □□ 의 문제에 부딪힌다.

3문단 어떤 것을 선택하면서 다른 것을 포기할 때, 포기한 것의 값어치를 ❸ □□□ □ 이라고 한다.

4문단 합리적인 선택을 하려면 비용과 ❹ □□ 을 고려해야 한다.

핵심 내용 구조화

핵심 내용을 구조화하여 정리해 보자.

자원의 희소성과 합리적 선택

인간의 욕구는 무한한데, 욕구를 충족할 수 있는 ❶ □□ 의 양이 상대적으로 부족함.

↓

선택의 문제 발생	기회비용 발생
가지고 싶은 것을 모두 가질 수 없으므로 그 중 ❷ □□ 해야 하는 문제가 발생함.	어떤 것을 선택하면서 다른 것을 포기할 때, 포기한 것의 값어치인 기회비용이 발생함.

↓

비용과 편익을 고려해 합리적 선택을 해야 함.

주제 확인

빈칸에 알맞은 말을 써서 이 글의 주제를 완성해 보자.

□□□ 인 선택을 하기 위해서는 비용과 편익을 고려하여 가장 큰 만족을 주는 대안을 선택해야 한다.

내용 확인 **1** 이 글에서 알 수 있는 내용이 <u>아닌</u> 것은?

① 기회비용의 의미
② 자원의 희소성의 의미
③ 선택의 문제가 발생하는 이유
④ 합리적 선택을 하기 위해 고려할 점
⑤ 잘못된 선택을 했을 때 치러야 할 대가

내용 추론 **2** 보기 의 (가)~(다)에 대한 설명으로 적절하지 <u>않은</u> 것은?

보기
> (가) 물은 살기 위해 필요하다는 면에서 다이아몬드보다 유용하다. 하지만 물은 다이아몬드보다 훨씬 가격이 싸다.
> (나) 태평양 어느 섬에서는 망고보다 바나나가 더 많이 생산된다. 하지만 바나나가 망고보다 훨씬 높은 가격에 거래된다.
> (다) 이름 없는 화가의 그림은 공짜로 주어도 가져가는 사람이 거의 없다. 하지만 그 화가가 유명해지면 무명 시절에 그린 그림도 비싼 가격에 팔린다.

① (가)에서 다이아몬드는 물보다 희소성이 큼을 짐작할 수 있다.
② (나)에서 망고보다 바나나를 원하는 사람이 더 많음을 짐작할 수 있다.
③ (다)에서 희소성은 상황의 변화에 따라 달라질 수 있음을 알 수 있다.
④ (나)와 (다)에서 가격과 희소성은 서로 관계가 없음을 알 수 있다.
⑤ (가)~(다)에서 희소성은 자원의 양과 욕구의 관계에 따라 결정됨을 알 수 있다.

내용 비판 **3** 이 글을 읽은 후의 반응으로 적절하지 <u>않은</u> 것은?

① 물건을 구매할 때 가격이나 만족도를 고려해서 선택해야겠어.
② 합리적으로 선택하지 못하면 비용 면에서 손해를 볼 수도 있겠어.
③ 여러 물건들의 가격이 같다면 내게 더 필요한 물건을 골라야겠어.
④ 자원이 무한하게 존재한다면 물건을 살 때 선택할 필요가 없겠어.
⑤ 좋아 보이는 물건이라면 가격이 매우 비싸도 일단 구매해 봐야겠어.

13 정전기가 발생하는 이유

☑ 어휘 체크

뜻을 알고 있는 어휘에
V표를 해 보세요.

기승 ☐

치명적 ☐

마찰 ☐

적용 ☐

파손 ☐

1 한자로 어휘 알기

한자와 어휘의 뜻을 읽고, 빈칸에 알맞은 어휘를 써 보자.

기운 **기** 氣
이기다 **승** 勝

> 뜻 기운이나 힘 따위가 굳세어 좀처럼 누그러들지 않음.
>
> 예 늦더위가 **1** ☐☐ 을 부려 많은 사람들이 바다를 찾았다.

이르다 **치** 致
목숨 **명** 命
~하는 것 **적** 的

> 뜻 생명을 잃을 정도의 것.
>
> 예 이 질병은 매우 **2** ☐☐☐ 이기 때문에 예방 접종을 권하고 있다.

갈다 **마** 摩
비비다 **찰** 擦

> 뜻 두 물체가 서로 닿아 비벼짐.
>
> 예 나무와 나무를 **3** ☐☐ 하여 불을 피웠다.

알맞다 **적** 適
쓰다 **용** 用

> 뜻 알맞게 이용하거나 맞추어 씀.
>
> 예 이 운동 방법은 간편해서 실생활에 **4** ☐☐ 이 가능하다.

2 문장에서 어휘 알기

밑줄 친 어휘의 뜻으로 알맞은 것을 골라 보자.

- 거센 파도의 힘에 못 이겨 배가 파손되었다.
- 어제 구입한 상품이 파손되어 새로운 상품으로 교환했다.

① 목적지를 향해 나아감.
② 남의 일을 간섭하고 막아 해를 끼침.
③ 깨어져 못 쓰게 됨. 또는 깨뜨려 못 쓰게 함.

1문단 겨울만 되면 정전기가 **기승**을 부린다. 그래서 스웨터를 벗을 때면 '지지직' 소리와 함께 머리카락이 하늘로 솟고, 다른 사람과 살이 맞닿으면 찌릿찌릿한 느낌이 들기도 한다. 정전기는 흐르지 않고 그 자리에 머물러 있는 전기라고 해서 '정(靜)전기'라고 부른다. 정전기의 전압은 때로는 수만 볼트에 이르러 번개와 비슷할 정도로 높지만 전류는 거의 흐르지 않기 때문에 인체에 **치명적**이지 않다.

2문단 정전기가 생기는 이유는 **마찰** 때문이다. 원자는 물질을 이루는 기본 알갱이이다. 원자의 가운데에는 원자핵이 있고 전자가 그 주위를 돌고 있다. 전자들은 마찰을 통해 다른 물체로 쉽게 이동한다. 우리가 생활하면서 주변의 물체와 접촉하면 마찰이 일어나기 마련인데, 그때마다 우리 몸과 물체가 전자를 주고받으며 몸과 물체에 전기가 조금씩 저장된다. 일정 정도 이상의 전기가 쌓이고 마침 전기가 흐를 만한 적절한 물체에 닿으면, 쌓여 있던 전기가 순식간에 불꽃을 튀며 이동하는데 이것이 정전기이다.

3문단 정전기로 불편을 겪는 정도는 사람마다 다르다. 우리 주변을 보면 정전기로 유별나게 고생하는 사람들이 있다. 왜 이런 일이 생기는 것일까? 정전기는 건조할 때 잘 생기고, 습도가 높을 때는 잘 생기지 않는다. 그래서 여름보다 습도가 낮은 겨울에 정전기가 기승을 부린다. 이 원리는 사람에게도 **적용**된다. 땀을 많이 흘리는 사람보다 적게 흘리는 사람에게, 피부가 촉촉한 사람보다 건조한 사람에게 정전기가 많이 생긴다. 정전기는 주로 물체의 표면에 있어서 사람의 피부 상태에 영향을 많이 받는다.

4문단 정전기는 때로 산업체에 위협이 되기도 한다. 석유를 운반하는 유조차는 정전기가 일어날 때 발생하는 작은 불꽃에도 큰 사고가 날 수 있다. 그래서 유조차의 뒤편에는 접지 장치를 달아서 정전기가 생길 경우 땅으로 흘러나가게 한다. 또한 반도체 부품은 정전기에 쉽게 **파손**된다. 그래서 반도체를 ㉠다루는 기술자들은 주변에 정전기가 쌓일 만한 물체를 놓지 않고, 소매와 양말에 접지선이 달린 특수한 옷을 입는다.

🐱 **'원자'와 '전자'는 무엇일까?**   '원자'는 물질을 이루고 있는 가장 기본적인 입자이다. 원자는 원자핵과 전자로 구성되어 있다. '전자'는 (-) 전하를 갖고 원자핵 주변을 도는 작은 입자이다. 원자가 전자를 얻거나 잃으면 전기를 띠게 된다. 즉, 전기는 전자의 움직임 때문에 생기는 것이다.

⬆ 원자

문단별 핵심 정리

핵심어를 넣어 각 문단의 중심 내용을 정리해 보자.

1문단 흐르지 않고 그 자리에 머물러 있는 전기를 ❶ ☐☐☐ 라고 한다.

2문단 정전기는 물질과 물질이 ❷ ☐☐ 하면서 생긴다.

3문단 정전기는 ❸ ☐☐ 할 때 잘 생기고, 습도가 높을 때는 잘 생기지 않는다.

4문단 정전기는 때로 ❹ ☐☐☐ 에 위협이 되기도 한다.

핵심 내용 구조화

핵심 내용을 구조화하여 정리해 보자.

정전기

발생 원리	물질과 물질이 마찰할 때 전자가 다른 물질로 이동하면서 ❶ ☐☐ 가 조금씩 저장되고, 쌓인 전기는 전기가 흐를 만한 적절한 물체를 만나면 순식간에 불꽃을 튀며 이동하게 됨.
잘 생기는 환경	건조할 때 잘 생기고, 습도가 높을 때는 잘 생기지 않음.
산업체에서의 사고 대비책	• 유조차에는 ❷ ☐☐ 장치를 달아 둠. • 반도체 기술자들은 ❸ ☐☐☐ 이 달린 특수한 옷을 입음.

주제 확인

빈칸에 알맞은 말을 써서 이 글의 주제를 완성해 보자.

☐☐☐ 의 발생 원리와 정전기가 잘 생기는 환경, 산업체에서의 정전기 사고 대비책

1 **이 글의 내용과 일치하지 <u>않는</u> 것은?**

① 정전기는 마찰로 인해 발생한다.
② 정전기는 머물러 있는 전기라서 전압이 낮다.
③ 정전기로 인해 불편을 겪는 정도는 사람마다 다르다.
④ 산업체에서는 정전기로 인한 사고를 줄이기 위해 노력하고 있다.
⑤ 유조차 뒤에 달려 있는 접지 장치는 정전기를 줄이기 위한 대책이다.

2 **이 글을 읽고 정전기에 대해 나눈 대화로 적절하지 <u>않은</u> 것은?**

① 현호: 피부에 보습제를 바르면 정전기가 덜 생기겠구나.
② 리우: 겨울에는 온도가 낮으니 정전기가 적게 생기겠구나.
③ 은영: 나는 땀을 많이 흘리는 편이라 정전기가 잘 안 생겼구나.
④ 윤서: 습도가 높은 여름에는 정전기가 생기는 일이 드물겠구나.
⑤ 정민: 가습기를 틀어서 실내 습도를 높이면 정전기를 줄일 수 있겠구나.

3 **밑줄 친 어휘의 의미가 ㉠'다루는'과 가장 비슷한 것은?**

① 그는 공장에서 기계를 다룬다.
② 그 가게에서는 주로 화장품을 다룬다.
③ 작은 생명이라도 소중히 다루어야 한다.
④ 가족 회의에서 식사 규칙에 대해 다루었다.
⑤ 학교 신문에서 우리 반 이야기를 다루었다.

14 메타버스의 세계

어휘 체크

뜻을 알고 있는 어휘에
V표를 해 보세요.

가상 ☐

접목 ☐

추적 ☐

제약 ☐

전망 ☐

1 한자로 어휘 알기

한자와 어휘의 뜻을 읽고, 빈칸에 알맞은 어휘를 써 보자.

거짓 **가** 假
생각 **상** 想

> 뜻 진짜가 아니고 생각으로 지어낸 것.
>
> 예 이 게임은 **1**[　][　]의 공간 속을 여행한다.

잇다 **접** 接
나무 **목** 木

> 뜻 서로 다른 것들을 합쳐 새로운 것을 만드는 것.
>
> 예 이번 공연에서는 힙합에 국악을 **2**[　][　]했다.

쫓다 **추** 追
자취 **적** 跡

> 뜻 사물이 남긴 표시나 흔적을 더듬어 감.
>
> 예 경찰은 도망친 범인의 흔적을 **3**[　][　]하였다.

억제하다 **제** 制
맺다 **약** 約

> 뜻 조건을 붙여 내용을 제한함. 또는 그 조건.
>
> 예 단체 생활을 할 때는 여러 가지 **4**[　][　]이 있다.

2 문장에서 어휘 알기

밑줄 친 어휘의 뜻으로 알맞은 것을 골라 보자.

- 기후 위기 시대에 인류의 미래를 어떻게 <u>전망</u>할 수 있을까?
- 이번 운동회에서 우리 반이 이긴다고 <u>전망</u>하는 사람이 많다.

① 어떤 것에 마음이 끌려 주의를 기울임.

② 헤아려 내다봄. 또는 내다보이는 장래의 상황.

③ 어떤 사물이나 현상 따위를 멀리서 전체적으로 바라봄.

1문단 메타버스는 '가상, 초월' 등을 뜻하는 '메타(Meta)'와 '세계, 우주'를 뜻하는 '유니버스(Universe)'를 합쳐서 만든 단어이다. 즉, 현실 세계처럼 사회, 경제, 문화 활동이 이루어지는 3차원의 가상 세계를 뜻한다. 1992년 한 소설 속에서 처음 등장한 개념인 '메타버스'는 21세기 들어 정보 통신 기술이 발달하고, 비대면 상황에서의 의사소통이 늘어남에 따라 더욱 주목받고 있다.

2문단 메타버스 공간이 현실과 유사한 체험을 제공할 수 있는 것은 많은 기술이 접목되어 있기 때문이다. 3차원 디스플레이 장치를 머리에 쓰면, 장치에서 전달된 영상이 눈을 통해 뇌로 전달되면서 가상 공간과 물체의 입체감을 실제처럼 느낄 수 있게 된다. 가상 현실 장갑을 손에 끼면 가상 공간에서 아바타가 만지는 물체의 크기나 형태, 온도 등을 사용자가 실제처럼 느낄 수 있다. 또 모션 트래킹 시스템은 동작 **추적** 센서, 압력 센서 등으로 구성되어 사용자의 동작에 따라 아바타가 똑같이 움직이도록 만든다.

3문단 현재 메타버스는 문화와 경제 등 여러 분야에서 활용되고 있다. 어떤 가수들은 메타버스 플랫폼을 이용해 공연을 개최하였는데 수천만 명이 동시 접속하여 공연을 즐겼다. 또 메타버스는 홍보와 마케팅에 이용되기도 한다. 국내 한 자동차 업체는 메타버스 플랫폼을 이용해 자동차를 미리 체험할 수 있는 가상 공간을 만들었다. 이곳에서 이용자들은 차량을 새롭게 디자인하고 타 보기도 하며 다양한 기술이 사용된 미래의 자동차를 체험할 수 있다.

4문단 이처럼 메타버스는 사람들이 공간과 시간의 **제약**에서 벗어나 자유롭게 활동하도록 도와준다. 이미 많은 사람들이 직접 만나지 않아도 회의나 설명회 등에서 효과적으로 활동할 수 있음을 경험하였으므로, 메타버스와 관련된 시장 규모는 점점 더 커질 것으로 **전망**된다. 메타버스는 게임, 업무, 교육, 의료, 건설 등 다양한 분야에서 폭넓게 활용될 것이다.

'아바타'는 무엇일까? 아바타(Avatar)는 가상 사회에서 자기 자신을 나타내는 캐릭터이다. 아바타는 사용자의 역할을 대신하며 현실 세계와 가상 공간을 이어 주는 역할을 한다. 아바타의 이용 분야는 주로 온라인 게임이나 채팅이었으나 현재는 온라인 쇼핑몰이나 가상의 교육 공간 등으로 확대되고 있다.

문단별 핵심 정리

핵심어를 넣어 각 문단의 중심 내용을 정리해 보자.

1문단 메타버스는 ① ☐☐ 세계처럼 사회, 경제, 문화 활동이 이루어지는 가상 세계이다.

2문단 메타버스는 많은 ② ☐☐ 을 바탕으로 현실감 있는 체험을 제공한다.

3문단 메타버스는 ③ ☐☐ 와 경제 등 여러 분야에서 활용되고 있다.

4문단 ④ ☐☐☐☐ 는 앞으로 다양한 분야에서 폭넓게 활용될 것이다.

핵심 내용 구조화

핵심 내용을 구조화하여 정리해 보자.

메타버스의 기술과 활용

3차원 디스플레이 장치	영상을 뇌로 전달해 가상 공간과 물건의 ① ☐☐☐ 을 느끼게 함.
가상 현실 ② ☐☐	아바타가 만지는 물체의 크기, 형태, 온도 등을 느끼게 함.
모션 트래킹 시스템	동작 추적 센서, 입력 센서 등이 ③ ☐☐☐ 가 사용자와 똑같이 움직이게 함.

↓

기술의 활용	현실과 유사한 체험을 제공하여 문화와 경제 등 여러 분야에서 쓰임.

주제 확인

빈칸에 알맞은 말을 써서 이 글의 주제를 완성해 보자.

다양한 기술이 접목되어 현실과 유사한 체험을 제공하는 ☐☐☐☐ 의 활용과 전망 내용 확인 — **1** 이 글에 제시된 정보가 <u>아닌</u> 것은?

① 메타버스의 전망
② 메타버스의 활용 현황
③ '메타버스'라는 용어의 의미
④ 메타버스로 인해 생겨나는 문제점
⑤ '메타버스'라는 개념이 처음 등장한 시기

내용 추론 — **2** 이 글로 보아 메타버스를 경험한 내용으로 적절하지 <u>않은</u> 것은?

① 자신의 행동을 똑같이 따라 하는 아바타를 만났다.
② 가상 공간에서 여러 사람과 함께 음악 공연을 즐겼다.
③ 다른 사람의 머릿속으로 들어가 그 사람의 생각을 읽었다.
④ 가상 현실 장갑을 끼고 아바타가 만지는 물건의 형태를 느꼈다.
⑤ 3차원 디스플레이 장치를 머리에 쓰고 가상 세계의 입체감을 느꼈다.

내용 추론 — **3** 보기 에서 메타버스에 대한 글쓴이의 전망을 골라 바르게 묶은 것은?

보기
> ㄱ. 메타버스 시장의 규모가 점점 커질 것이다.
> ㄴ. 업무, 의료, 건설 등 다양한 분야에서 활용될 것이다.
> ㄷ. 메타버스로 인해 사람을 대면하는 직업이 늘어날 것이다.
> ㄹ. 메타버스로 인해 사람들이 실제로 만나는 일이 늘어날 것이다.

① ㄱ, ㄴ   ② ㄱ, ㄷ   ③ ㄱ, ㄹ   ④ ㄴ, ㄷ   ⑤ ㄷ, ㄹ

15 예술

환경을 살리는 그린 디자인

✅ 어휘 체크

뜻을 알고 있는 어휘에
V표를 해 보세요.

강화 ☐

생태 ☐

회수 ☐

효율 ☐

원칙 ☐

1 한자로 어휘 알기

한자와 어휘의 뜻을 읽고, 빈칸에 알맞은 어휘를 써 보자.

강하다 강 强
되다 화 化
> 뜻 수준이나 정도를 더 높임.
> 예 신호를 위반한 운전자에 대한 단속이 ❶ ☐☐ 되었다.

나다 생 生
모양 태 態
> 뜻 생물이 살아가는 모양이나 상태.
> 예 환경 변화가 동식물의 ❷ ☐☐ 에 큰 영향을 끼치고 있다.

돌아오다 회 回
거두다 수 收
> 뜻 도로 거두어들임.
> 예 병이나 종이 등을 ❸ ☐☐ 하여 재활용하였다.

근원 원 原
법 칙 則
> 뜻 여러 가지 경우에 적용되는 기본적인 규칙이나 법칙.
> 예 두 나라는 회담 후에 함께 지켜야 할 ❹ ☐☐ 을 발표하였다.

2 문장에서 어휘 알기

밑줄 친 어휘의 뜻으로 알맞은 것을 골라 보자.

- 날씨가 더워지면서 쉽게 지쳐서 일의 효율이 떨어졌다.
- 로봇을 이용한 자동화 시스템은 생산의 효율을 높여 준다.

① 들인 노력과 얻은 결과의 비율.
② 기계 따위가 지닌 성질이나 기능.
③ 일정한 조건이나 환경 따위에 맞추어 응하거나 알맞게 됨.

1문단 환경은 우리 삶과 ⓐ밀접하게 연관된다. 특히 지구 온난화 현상, 오존층 파괴 등 환경 문제가 심각해지면서 환경을 보호해야 한다는 인식이 **강화**되고 있다. 이에 발맞추어 여러 분야에서 다양한 방법으로 환경 보호 운동이 진행되고 있다. 그린 디자인(Green Design)은 이러한 배경에서 등장한 개념으로, 디자인 분야에서도 환경을 고려하자는 활동이다. 다른 말로 에코 디자인, 친환경 디자인, **생태** 디자인이라고도 부른다.

2문단 그린 디자인은 좁은 의미로는 재사용이나 재활용을 할 수 있는 제품, 자연에서 얻은 소재로 만든 제품 등을 말한다. 보다 넓은 의미로는 제품의 설계부터 ⓑ폐기에 이르는 전 과정에서 환경에 미칠 영향을 고려해 제품을 디자인하는 것을 뜻한다. 생산 과정에서 ⓒ공해를 일으키지 않는지, 제품을 사용할 때 소음이나 매연을 일으키지 않는지, 제품의 수명이 짧지는 않은지, 폐기 단계에서 자연 분해가 가능한지, **회수** 후 재사용·재활용이 가능한지 등을 고려해 제품을 디자인하는 것이다.

3문단 스위스의 한 회사는 트럭에서 사용한 뒤 버려지는 방수 천으로 가방 몸통을 만들고, 자동차의 안전벨트로 가방끈을 만든다. 가방의 마감은 자전거 고무 튜브를 활용한다. 이렇게 만든 가방은 같은 디자인이라도 다른 재료로 만들어졌기에 세상에서 단 하나밖에 없는 제품이 된다. 미국 샌프란시스코의 '파크 모바일(Park Mobile)'은 철제 쓰레기 수거함을 이용하여 만든 벤치이다. 길이 16미터, 폭 6미터의 철제 쓰레기 수거함 안쪽에 각종 식물을 심어 작은 정원을 만들고, 앞쪽은 의자로 만들어 시민들이 편히 쉴 수 있도록 했다. 또한 이 벤치는 언제든지 움직일 수 있는 이동식으로 만들어져 공간 활용의 **효율**을 높여 준다.

4문단 이처럼 아름다움과 편리함은 물론, 환경까지 고려한 디자인이 ⓓ주목받는 시대가 되었다. 자원 고갈에 따른 문제점이 늘어나는 상황 속에서 자원을 재사용·재활용하는 디자인이나 환경 보호의 메시지를 전달하는 디자인의 중요성은 더욱 커질 것이다. 인간은 지구가 없으면 ⓔ존재할 수 없다. 따라서 환경을 보호하는 것이 삶의 기본 **원칙** 중 하나가 되어야 한다. 환경을 생각하는 착한 디자인, 그린 디자인에 담긴 메시지를 다시 한번 생각해 보아야 할 때이다.

'지구 온난화'는 무엇일까? 지구 온난화는 지구의 평균 기온이 높아지는 현상이다. 최근 10년 간(2010~2019) 지구의 평균 기온은 산업화 이전(1850~1900)과 비교해 1.07도가 상승했다. 사람에 빗대자면 36.5도여야 하는 체온이 38도 고열을 향해 가고 있는 것이다.

문단별
핵심 정리

핵심어를 넣어 각 문단의 중심 내용을 정리해 보자.

1문단 환경 문제가 심각해지면서 **1** ☐☐ 을 고려한 그린 디자인이 등장하였다.

2문단 그린 디자인은 제품의 **2** ☐☐ 부터 폐기까지 환경을 고려해 제품을 디자인한다.

3문단 버려지는 방수 천 등을 이용한 **3** ☐☐ 과 쓰레기 수거함을 이용한 파크 모바일은 그린 디자인의 적용 사례이다.

4문단 환경을 생각하고 보호하는 **4** ☐☐☐ 이 주목받는 시대가 되었다.

핵심 내용
구조화

핵심 내용을 구조화하여 정리해 보자.

그린 디자인의 의미와 가치

의미	• 좁은 의미: 재사용이나 **1** ☐☐☐ 을 할 수 있는 제품, 자연에서 얻은 소재로 만든 제품 등 • 넓은 의미: 제품의 설계부터 폐기에 이르는 전 과정에서 환경에 미칠 영향을 고려해 제품을 디자인하는 것
가치	• 아름다움과 편리함은 물론, 환경까지 고려한 디자인으로 주목받음. • 자원 고갈의 상황에서 자원을 재사용·재활용하는 디자인이나 환경 **2** ☐☐ 의 메시지를 전달하는 디자인의 중요성이 더욱 커질 것임. • 환경을 생각하는 착한 디자인이라는 메시지를 담음.

주제 확인

빈칸에 알맞은 말을 써서 이 글의 주제를 완성해 보자.

환경을 생각하는 착한 디자인으로 주목받고 있는 ☐☐☐☐☐

내용 확인 — **1** 그린 디자인에 대한 설명으로 적절하지 <u>않은</u> 것은?

① 환경 문제가 심각해지면서 등장하였다.
② 에코 디자인, 생태 디자인이라고도 부른다.
③ 제품 생산의 전 과정에서 환경에 미칠 영향을 고려한다.
④ 제품의 수명을 짧게 만들어 판매량을 늘리는 것이 목표이다.
⑤ 재사용이나 재활용의 가능성을 고려하여 제품을 디자인한다.

내용 추론 — **2** 보기를 그린 디자인의 사례로 볼 수 있는 이유로 가장 적절한 것은?

보기

피푸백(Peepoo Bag)은 위생 시설이 부족한 나라를 위해 만들어진 일회용 화장실이다. 두 겹의 봉지로 구성되어 있는데, 봉지는 식물을 가공해 만들어 자연에서 분해되는 바이오플라스틱 소재이다. 배변 시에 속에 있는 봉지를 사용하고, 겉에 있는 봉지 안에 넣은 후 봉지를 묶어서 땅속에 묻는다. 배설물이 자연적으로 분해되려면 상당한 시간이 걸리는데, 피푸백 안에서는 최대 4주 안에 봉지와 함께 비료로 바뀐다.

① 사용 후 함부로 버려지는 제품을 회수하였다.
② 설계 단계에서부터 자원의 순환과 재생을 고려하였다.
③ 자연에서 얻은 소재를 그대로 사용하여 제품을 만들었다.
④ 제품의 생산 과정에서 공해를 일으키지 않도록 제작하였다.
⑤ 버려지는 자원을 활용하여 더 나은 품질의 제품을 만들었다.

어휘 이해 — **3** ⓐ~ⓔ의 사전적 의미로 적절하지 <u>않은</u> 것은?

① ⓐ 밀접: 아주 가깝게 맞닿아 있음.
② ⓑ 폐기: 이미 사용했던 물건을 가공하여 다시 씀.
③ ⓒ 공해: 산업이나 교통의 발달에 따라 사람이나 생물이 입게 되는 피해.
④ ⓓ 주목: 관심을 가지고 주의 깊게 살핌.
⑤ ⓔ 존재: 현실에 실제로 있음. 또는 그런 대상.

어휘 review

배운 어휘를 떠올리며 뜻을 아는 어휘에 V표를 해 보자.

11 학습 어휘

□ 우월   □ 기반
□ 정서   □ 특색
□ 다양성

12 학습 어휘

□ 욕구   □ 충족
□ 희소   □ 대안
□ 실질적

13 학습 어휘

□ 기승   □ 치명적
□ 마찰   □ 적용
□ 파손

14 학습 어휘

□ 가상   □ 접목
□ 추적   □ 제약
□ 전망

15 학습 어휘

□ 강화   □ 생태
□ 회수   □ 효율
□ 원칙

문제로
어휘 확인하기

1 다음 뜻을 참고하여 알맞은 어휘를 쓰시오.

1 그의 사업은 3년 만에 ㄱ ㅂ 이 탄탄하게 잡혔다.
기초가 되는 바탕.   (   )

2 그 화가의 그림을 보면 한국적인 ㅈ ㅅ 가 느껴진다.
사람의 마음에 일어나는 여러 가지 감정. (   )

3 동물학 전공인 김 교수는 곰의 ㅅ ㅌ 를 주제로 글을 썼다.
생물이 살아가는 모양이나 상태.   (   )

4 지금 ㄱ ㅅ 를 부리는 전염병은 사람에게 ㅊ ㅁ ㅈ 이다.
기운이나 힘 따위가 굳세어 좀처럼 누그러들지 않음.   생명을 잃을 정도의 것.
(,   )

5 취소된 여행의 ㄷ ㅇ 으로 가족 모두가 ㅊ ㅈ 할 만한 놀
어떤 일에 대처할 방안.   일정한 분량을 채워 모자람이 없게 함.
거리를 찾았다.   (,   )

2 다음 뜻을 보고 보기 에서 알맞은 어휘를 찾아 쓰시오.

보기

제약   욕구   적용   효율   추적   다양성   실질적

1 알맞게 이용하거나 맞추어 씀.   (   )

2 들인 노력과 얻은 결과의 비율.   (   )

3 사물이 남긴 표시나 흔적을 더듬어 감.   (   )

4 조건을 붙여 내용을 제한함. 또는 그 조건.   (   )

5 무엇을 얻거나 무슨 일을 하고자 바라는 일.   (   )

6 꾸밈이나 겉모양이 아닌 속 내용 자체를 이루는 것.
(   )

7 모양, 빛깔, 형태, 양식 따위가 여러 가지로 많은 특성.
(   )

3 빈칸에 들어갈 알맞은 어휘를 찾아 선으로 이으시오.

1 은행에서 빌려준 돈을 오늘 모두 [ ] 했다.

2 여름에 큰 비가 내려 건물과 도로가 [ ] 되었다.

3 회사는 제품의 경쟁력을 [ ] 하기 위해 노력했다.

4 신발의 바닥과 마룻바닥이 [ ] 하는 소리가 들렸다.

5 그 선수는 신체적 능력이 [ ] 하여 항상 일등을 차지했다.

6 전문가의 [ ] 에 따르면 전기차 시장은 더욱 성장할 것이다.

우월

전망

마찰

파손

회수

강화

4 다음 문장 중 밑줄 친 어휘가 잘못 쓰인 것은?

① 유채꽃은 제주도의 지역적 특색을 드러내는 꽃이다.
② 학급 회의에서는 다수결의 원칙에 따라 의견을 정했다.
③ 그 질병은 대부분의 한국인이 앓고 있는 희소한 병이다.
④ 서로 다른 두 문화를 접목하여 새로운 문화를 만들었다.
⑤ 컴퓨터로 만든 가상의 세계에서 실제와 같은 체험을 했다.

4주차

주간 학습 계획표

배울 내용	독해 난도	학습 날짜	학습 확인
로봇 공학이 발전하여 인간 같은 로봇이 등장한다면 인간이 로봇의 권리를 인정해야 함을 주장하는 글입니다.	초4 초5 초6	월 일	☐
중등 교과 제재 국민들이 공정한 재판을 받을 수 있도록 하기 위해 우리나라에서 실행하고 있는 다양한 제도들에 대해 설명하는 글입니다.	초4 초5 초6	월 일	☐
중등 교과 제재 물질을 이루는 입자들이 움직여 일어나는 현상인 확산과 증발의 개념에 대해 설명하는 글입니다.	초4 초5 초6	월 일	☐
체지방을 측정하는 여러 가지 방법과 각 방법의 한계에 대해 설명하는 글입니다.	초4 초5 초6	월 일	☐
사진작가가 현실의 일부를 선택하여 담아내는 작품인 사진의 특성과 사진작가의 역할에 대해 설명하는 글입니다.	초4 초5 초6	월 일	☐

매일 공부를 마치면, 학습 확인 칸에 ○표를 하세요.

16

로봇의 권리

1 한자로 어휘 알기

한자와 어휘의 뜻을 읽고, 빈칸에 알맞은 어휘를 써 보자.

근본 본 本
바탕 질 質
~하는 것 적 的

> 뜻 본디부터 가지고 있는 사물 자체의 성질이나 모습에 관한 것.
>
> 예 모든 춤과 노래의 **1** ⬜⬜⬜ 인 성격은 놀이라고 할 수 있다.

권세 권 權
이롭다 리 利

> 뜻 어떤 일을 하거나 다른 사람에 대하여 당연히 요구할 수 있는 힘이나 자격.
>
> 예 사람에게는 교육을 받을 **2** ⬜⬜ 가 있다.

붙다 부 附
주다 여 與

> 뜻 사람에게 권리·명예·임무 등을 지니도록 하거나, 사물이나 일에 가치·의의 등을 붙여 줌.
>
> 예 우리는 여행에 특별한 의미를 **3** ⬜⬜ 했다.

스스로 자 自
법칙 율 律
~하는 것 적 的

> 뜻 스스로의 원칙에 따라 어떤 일을 하거나 스스로를 통제하여 절제하는 것.
>
> 예 우리 반은 회의를 거쳐 **4** ⬜⬜⬜ 으로 규칙을 정했다.

2 문장에서 어휘 알기

밑줄 친 어휘의 뜻으로 알맞은 것을 골라 보자.

- 모든 인간은 법 앞에서 <u>동등</u>하게 대우받아야 한다.
- 우리 학교 학생들은 <u>동등</u>한 조건에서 시험을 보았다.

① 매우 조심스러움.
② 등급이나 정도가 같음.
③ 차별이 있어 고르지 아니함.

1문단 로봇 공학을 연구하는 학자들 중에 몇몇 학자는 로봇의 **본질적인** 특징으로 로봇이 인간을 닮아 간다는 점을 든다. 학자들의 말처럼 로봇의 최종적인 모습이 인간이라면, 로봇에게 인간의 **권리**를 주어야 할 것인지에 대한 질문을 할 수 있다. 현재 로봇 공학이 계속 발달하면서 이러한 문제에 대한 논의가 이어지고 있다.

2문단 로봇의 권리에 대한 논의는 2017년에 유럽 연합 의회가 로봇에게 '전자 인간'의 지위를 **부여**해야 한다는 결의안을 통과시키면서 시작되었다. 유럽 연합 의회는 "로봇에게 어떤 방식으로 권리를 부여해야 할지는 알 수 없지만, **자율적**으로 판단하는 능력을 갖춘 기계들이 생겨나고 있다. 이러한 현실을 기존 법률 체계가 따라갈 수 없으므로 모든 문제를 함께 논의해야 한다."라고 설명했다. 그리고 얼마 후 휴머노이드 로봇 '소피아'가 사우디아라비아에서 시민권을 획득하며 큰 화제가 되었다.

3문단 일부 사람들은 로봇이 사람의 겉모습을 닮았다고 하더라도 '마음'을 지니지 않아서, 로봇에게 인간과 **동등**한 권리를 주어서는 안 된다고 주장한다. 그들은 로봇이 인간의 마음을 표현한다고 해도 단지 인간에 의해 프로그래밍되어 마음을 흉내 내는 것일 뿐이라고 말한다. 그러나 인간답게 느끼고 행동하는 존재를 인간이라고 정의할 때, 로봇이 인간답게 느끼고 행동한다면 로봇 역시 인간과 동등한 권리를 가지는 존재가 될 수 있다.

4문단 로봇이 인간처럼 지구에 사는 새로운 존재가 되고 인간답게 행동한다면, 로봇과 인간의 삶은 다르지 않을 것이다. 로봇과 인간이 함께 사는 방법도 인간이 다른 인간과 함께 사는 방법과 다르지 않을 것이다. 인간은 지금까지 여러 다른 존재들과 함께 살아왔다. 언젠가 인간답게 느끼고 행동하는 로봇이 등장한다면, 우리는 로봇에게 인간과 동등한 권리를 부여하고 로봇과 조화롭게 살아가야 한다.

'휴머노이드 로봇'은 무엇일까? '휴머노이드 로봇'은 인간의 몸과 비슷한 모습을 갖춘 로봇을 가리키는 말이다. 인간의 행동을 잘 흉내 낼 수 있으며 '인간형 로봇'이라고도 한다. 휴머노이드 로봇은 인간의 지능, 행동, 감각 등을 흉내 내어 다양한 일을 하는 것을 목표로 한다.

문단별 핵심 정리

핵심어를 넣어 각 문단의 중심 내용을 정리해 보자.

1문단 로봇이 1 □□ 을 닮아 가면서 로봇의 권리에 대한 논의가 이어지고 있다.

2문단 유럽 연합 의회가 로봇에게 전자 인간의 지위를 부여하면서 2 □□ 의 권리에 대한 논의가 시작되었다.

3문단 3 □□ 이 없는 로봇에게 권리를 줄 수 없다고 하지만, 인간답게 느끼고 행동한다면 로봇도 인간과 동등한 존재가 될 수 있다.

4문단 인간답게 느끼고 행동하는 로봇이 등장한다면, 로봇에게 인간과 동등한 4 □□ 를 부여하고 로봇과 조화롭게 살아가야 한다.

핵심 내용 구조화

핵심 내용을 구조화하여 정리해 보자.

로봇이 인간과 동등한 권리를 가질 수 있을까?

로봇에 권리를 주는 것에 반대하는 사람들	글쓴이
• 주장: 로봇이 인간의 겉모습을 닮았더라도 '마음'이 없으므로 인간과 동등한 권리를 줄 수 없음. • 근거: 로봇은 인간의 마음을 1 □□ 낼 뿐 마음을 지니지 않음.	• 주장: 2 □□ 에게 인간과 동등한 권리를 부여하고 조화롭게 살아가야 함. • 근거: 인간답게 느끼고 행동하는 존재가 인간이라면, 인간다운 로봇도 인간과 동등한 권리를 가질 수 있음.

← 반박

주제 확인

빈칸에 알맞은 말을 써서 이 글의 주제를 완성해 보자.

로봇 공학의 발전에 따라 인간답게 느끼고 행동하는 로봇이 등장하면 로봇에게 인간과 동등한 □□ 를 부여하고 로봇과 함께 살아가야 한다.

내용 확인 — 1 '로봇의 권리'에 대한 내용으로 적절한 것은?

① 기존 법률에 나온 대로 로봇의 권리를 논의하고 있다.
② 로봇에게 로봇답게 살 권리를 주자는 내용을 담고 있다.
③ 로봇 공학이 발달하여 로봇이 인간을 닮아 가면서 논의되기 시작했다.
④ 로봇을 사용할 권리를 모든 사람에게 부여하자는 방향으로 논의되고 있다.
⑤ 유럽 연합 의회에서 로봇에게 '전자 인간' 지위를 주면서 문제가 해결되었다.

내용 추론 — 2 로봇에 대한 글쓴이의 생각으로 적절한 것은?

① 인간은 로봇보다 모든 면에서 뛰어나다.
② 로봇은 시간이 지나도 인간과 동등해질 수 없다.
③ 로봇이 발전해도 로봇은 인간과 같은 마음을 지닐 수 없다.
④ 로봇의 감정은 인간에 의해 프로그래밍된 단순한 흉내 내기이다.
⑤ 로봇은 지구에 사는 새로운 존재가 되어 인간과 함께 살아갈 수 있다.

내용 추론 — 3 글쓴이가 와 같은 주장에 보일 반응으로 적절한 것은?

> 보기: 로봇이 인간의 겉모습을 닮았더라도 마음을 지니지 않았으므로 인간의 권리를 가질 수 없다.

① 현재의 법률로 로봇이 가질 권리를 정할 수 있다.
② 로봇은 인간과 다른 존재이므로 인간은 로봇을 다룰 권리를 가질 수 있다.
③ 로봇과 인간은 살아가는 방법이 다르므로 각자 다른 권리를 가질 수 있다.
④ 인간답게 느끼고 행동하는 존재라면 로봇이라도 인간의 권리를 가질 수 있다.
⑤ 로봇이 마음을 지니지 않았지만 인간의 겉모습을 닮았다면 권리를 가질 수 있다.

17 사회

공정한 재판을 위한 제도

✓ 어휘 체크

뜻을 알고 있는 어휘에
V표를 해 보세요.

분쟁 ☐

공정 ☐

간섭 ☐

임기 ☐

공개 ☐

1 한자로 어휘 알기

한자와 어휘의 뜻을 읽고, 빈칸에 알맞은 어휘를 써 보자.

어지럽다 분 紛
다투다 쟁 爭
> 뜻 말썽을 일으키어 시끄럽고 복잡하게 다툼.
> 예 쓰레기 때문에 일어난 이웃과의 **1** ☐☐ 이 해결되었다.

공평하다 공 公
바르다 정 正
> 뜻 공평하고 올바름.
> 예 스포츠 경기의 심판은 **2** ☐☐ 하게 경기를 진행해야 한다.

막다 간 干
건너다 섭 涉
> 뜻 직접 관계가 없는 남의 일에 부당하게 참견함.
> 예 친구의 옷차림에 지나치게 **3** ☐☐ 하지 말자.

맡기다 임 任
약속하다 기 期
> 뜻 임무를 맡아보는 일정한 기간.
> 예 우리나라 대통령의 **4** ☐☐ 는 5년이다.

2 문장에서 어휘 알기

밑줄 친 어휘의 뜻으로 알맞은 것을 골라 보자.

> • 그 가수가 새로운 노래를 팬들에게 공개했다.
> • 박물관은 이번에 발굴한 유물을 사람들에게 공개했다.

① 규칙으로 정함.
② 알맞게 이용하거나 맞추어 씀.
③ 어떤 사실이나 사물, 내용 따위를 여러 사람에게 널리 터놓음.

1문단 우리는 살면서 크고 작은 갈등과 **분쟁**을 겪는다. 이때 서로 원활하게 문제를 해결하면 가장 바람직하지만 그렇지 못할 때는 재판의 도움을 받을 수 있다. 재판은 법원에서 분쟁을 겪고 있는 사람들의 주장을 듣고, 자료를 검토한 후 법을 적용하여 누구의 말이 옳은지, 누가 잘못하였는지를 공식적으로 판단하는 과정이다. 재판은 **공정**해야 하기에 우리나라는 공정한 재판을 위해 여러 제도를 가지고 있다.

2문단 재판은 누구의 명령이나 어떤 압력도 받지 않고 법을 바탕으로 하여 실행되어야 한다. 이러한 사법권의 독립을 위해 우리나라는 법원이 여론, 국가 기관 등 어떤 외부의 **간섭**도 받지 않도록 하고 있다. 또한 법관이 헌법과 법률에 따라 양심적으로 판결을 내리도록 하고, 법관의 **임기**를 정해 그 임기 동안 공정한 재판을 할 수 있도록 돕고 있다.

3문단 우리나라에서는 공정한 재판을 위해 **공개** 재판주의와 증거 재판주의를 재판의 기본 원칙으로 삼고 있다. 분쟁을 겪는 당사자가 아니더라도 누구나 재판을 볼 수 있도록 하고, 재판 과정과 결과를 공개하는 것을 공개 재판주의라 한다. 그리고 당사자의 주장을 뒷받침하는 증거를 바탕으로 재판을 진행하는 것을 증거 재판주의라고 한다.

4문단 끝으로 우리나라는 법원을 상급 법원과 하급 법원으로 나누고, 재판 결과를 받아들일 수 없으면 상급 법원에서 다시 재판받을 수 있도록 하고 있다. 이를 심급 제도라고 한다. 심급 제도는 법원의 잘못된 판결로 발생하는 피해를 막기 위한 제도이다. 우리나라는 예외는 있지만 원칙적으로 심급 제도에 따라 한 사건에 대해 세 번까지 재판을 받을 수 있다.

5문단 모든 국민은 공정한 재판을 받을 권리가 있다. 재판은 분쟁을 겪는 당사자들의 갈등을 해결하고, 사회 질서를 유지하는 기능을 한다. 공정한 재판이 이루어진다면 궁극적으로 국민의 이익과 권리를 보호할 수 있다. 사법권의 독립, 공개 재판주의와 증거 재판주의, 심급 제도는 공정한 재판을 위해 꼭 필요한 제도이다.

'사법권'은 무엇일까? '사법'은 국가 통치 기능의 하나로, 어떤 분쟁이 생겼을 때 법을 해석하여 법에 따라 판단하는 일을 의미한다. '사법권'은 법을 해석하고 판단하여 분쟁이나 갈등 상황에 적용하는 권한으로, 우리나라에서는 법원이 사법권을 가진다.

문단별 핵심 정리

핵심어를 넣어 각 문단의 중심 내용을 정리해 보자.

1문단 1 ☐☐ 은 분쟁이 생겼을 때 법을 적용하여 잘못을 공식적으로 판단하는 과정으로, 우리나라는 공정한 재판을 위해 여러 가지 제도를 시행한다.

2문단 재판은 공정해야 하므로 2 ☐☐ 이 외부의 간섭을 받지 않도록 하고 있다.

3문단 공정한 재판을 위해 3 ☐☐ 재판주의와 증거 재판주의를 원칙으로 삼고 있다.

4문단 공정한 재판을 위해 법원을 상급 법원과 하급 법원으로 나누어 4 ☐☐ 제도를 운영하고 있다.

5문단 공정한 재판이 이루어질 수 있도록 여러 가지 5 ☐☐ 를 시행하고 있다.

핵심 내용 구조화

핵심 내용을 구조화하여 정리해 보자.

공정한 재판을 위한 제도

사법권의 독립	• 법원이 외부로부터 어떠한 간섭도 받지 않도록 규정함. • 법관이 헌법과 법률에 따라 양심적으로 판결할 수 있게 함. • 법관의 1 ☐☐ 를 정해 공정한 재판을 할 수 있게 도움.
재판의 기본 원칙	• 공개 재판주의: 재판은 누구나 볼 수 있게 하며, 재판 과정과 결과를 공개함. • 증거 재판주의: 재판은 2 ☐☐ 를 바탕으로 진행함.
심급 제도	법원을 상급 법원과 하급 법원으로 나누고, 재판 결과를 받아들일 수 없는 경우에 3 ☐☐ 법원에서 다시 재판받을 수 있도록 함.

주제 확인

빈칸에 알맞은 말을 써서 이 글의 주제를 완성해 보자.

우리나라는 ☐☐ 한 재판을 할 수 있도록 사법권의 독립, 공개 재판주의와 증거 재판주의, 심급 제도를 시행하고 있다.

내용 확인 ── **1** 이 글의 내용과 일치하지 <u>않는</u> 것은?

① 모든 국민은 공정한 재판을 받을 권리가 있다.
② 우리나라의 법원은 상급 법원으로만 이루어져 있다.
③ 법관의 임기를 정해 임기 동안 공정한 재판을 할 수 있게 하였다.
④ 재판은 외부의 간섭을 받지 않고 법을 바탕으로 실행되어야 한다.
⑤ 심급 제도를 통해 법원의 잘못된 판단으로 발생하는 피해를 막을 수 있다.

내용 추론 ── **2** A의 질문에 대한 B의 대답으로 적절하지 <u>않은</u> 것은?

① A: 재판이란 무엇인가요?
  B: 분쟁이 생겼을 때 법원에서 법을 적용하여 누가 잘못하였는지를 공식적으로 판단하는 과정입니다.
② A: 법원과 다른 국가 기관은 어떤 관계인가요?
  B: 국가 기관의 의견이 중요하므로 법원은 국가 기관의 판단을 따릅니다.
③ A: 법관은 무엇을 기준으로 심판을 하나요?
  B: 법관은 헌법과 법률을 기준으로 양심적으로 판단을 내립니다.
④ A: 재판의 결과를 받아들일 수 없을 때는 여러 번 재판을 받을 수 있나요?
  B: 원칙적으로 한 사건에 대해 세 번까지 재판을 받을 수 있습니다.
⑤ A: 공정한 재판이 이루어지면 우리에게 무엇이 좋을까요?
  B: 사회 질서가 유지되고 국민의 이익과 권리를 보호받을 수 있습니다.

내용 비판 ── **3** 이 글을 바탕으로 할 때, 에 대한 생각으로 적절한 것은?

> 보기
>
> 프랑스군의 장교였던 드레퓌스는 군사 정보를 적에게 팔았다는 죄로 체포되어 재판에 넘겨졌다. 드레퓌스에 대한 재판은 비공개로 진행되었고, 문서에 쓰인 글씨체가 드레퓌스의 글씨체와 비슷하다는 것 외에 증거가 없었지만 법관 7명은 모두 드레퓌스에게 죄가 있다고 판결했다. 이후 군사 정보를 적에게 판 진범이 밝혀지고 드레퓌스의 무죄가 증명되었다.

① 증거보다는 양심에 따라 법관들이 재판을 진행했다.
② 외부의 간섭에 흔들려서 법관들이 잘못된 판단을 내렸다.
③ 공개 재판주의 원칙을 지켜 여러 사람들 앞에서 재판이 열렸다.
④ 법관들의 의견이 일치하지 않아 공정한 재판이 이루어지지 않았다.
⑤ 증거 재판주의 원칙을 제대로 지키지 않고 법관들이 잘못된 판결을 내렸다.

18 과학 확산과 증발

어휘 체크

뜻을 알고 있는 어휘에
V표를 해 보세요.

증거 ☐
현상 ☐
기체 ☐
액체 ☐
표면 ☐

1 한자로 어휘 알기

한자와 어휘의 뜻을 읽고, 빈칸에 알맞은 어휘를 써 보자.

밝히다 증 證
근거 거 據
- 뜻 어떤 사실을 증명할 수 있는 근거.
- 예 그가 범인이라는 결정적인 **1** ☐☐ 를 찾았다.

기운 기 氣
형상 체 體
- 뜻 연기나 공기처럼 일정한 모양이 없고, 자유롭게 움직이는 물질.
- 예 물을 끓이면 수증기가 되어 **2** ☐☐ 상태가 된다.

즙 액 液
형상 체 體
- 뜻 물이나 기름같이 일정한 모양을 가지지 않고 흐를 수 있는 물질.
- 예 얼음이 녹으면 **3** ☐☐ 상태의 물이 된다.

겉 표 表
모양 면 面
- 뜻 사물의 가장 바깥쪽. 또는 가장 윗부분.
- 예 고무공의 **4** ☐☐ 은 매끌매끌하다.

2 문장에서 어휘 알기

밑줄 친 어휘의 뜻으로 알맞은 것을 골라 보자.

- 황사 현상 때문에 코가 간지럽고 눈이 따가웠다.
- 도로를 공사해서 이곳저곳에서 차가 막히는 현상이 나타났다.

① 어떤 일이나 상황 따위를 대하는 마음가짐.
② 사물의 성질, 모양, 상태 따위가 바뀌어 달라짐.
③ 인간이 알아서 깨달을 수 있는, 사물의 모양과 상태.

1문단 물질은 아주 작은 알갱이인 입자로 이루어져 있는데, 이 입자들은 스스로 끊임없이 움직인다. 입자들의 운동을 확인할 수 있는 **증거**에는 확산이 있다. 확산이란 입자가 스스로 움직여 퍼져 나가는 **현상**이다. 확산은 우리 일상생활에서도 흔히 볼 수 있다. 향수 냄새가 멀리 떨어져 있는 사람에게까지 퍼지는 것이나, 음식점 앞을 지날 때 음식 냄새를 맡을 수 있는 것, 전기모기향을 피워 모기를 쫓는 것 등이 그 예이다.

2문단 확산은 높은 온도에서 더 빠르게 일어나는데, 온도가 높을수록 입자의 운동이 활발해지기 때문이다. 우리 주변에서 볼 수 있는 예로 쓰레기 냄새가 겨울보다 여름에 더 심하게 나는 것을 들 수 있다. 온도가 높은 여름에는 **기체** 입자가 더 활발하게 움직여 냄새가 빨리 확산되기 때문이다. 또한 찬물과 더운물에 동시에 잉크를 떨어뜨리면, 찬물보다 더운물에서 잉크가 더 빨리 퍼지는데, 이는 높은 온도에서 입자가 더 활발하게 움직이기 때문이다.

3문단 입자들이 운동을 하는 것을 보여 주는 또 다른 증거에는 증발이 있다. 증발이란 입자들이 스스로 움직여 **액체**의 **표면**에서 떨어져 나와 기체로 변하는 현상이다. 증발도 일상생활에서 흔히 볼 수 있다. 염전에서 바닷물을 증발시켜 소금을 얻는 것이나, 가뭄이 이어지면 강물이 줄어들어 강바닥을 드러내는 것, 젖은 빨래가 시간이 지나면 마르는 것 등이 주변에서 볼 수 있는 증발의 예이다.

4문단 증발도 높은 온도에서 활발하게 일어난다. 젖은 머리카락을 말릴 때 찬 바람으로 말리는 것보다 뜨거운 바람으로 말리면 머리카락이 더 빨리 마르고, 그늘보다는 햇볕 아래에서 빨래가 더 잘 마른다. 이는 온도가 높을수록 입자가 활발하게 움직여 빨리 증발하기 때문이다. 또한 증발은 액체의 표면에서 일어나기 때문에 액체 표면의 넓이가 넓을수록 증발이 더 잘 일어난다.

🐱 '입자'는 무엇일까? 우리말로 '알갱이'라고도 부르는 '입자'는 물질을 구성하는 아주 작은 크기의 물체를 의미한다. 우리가 일상생활에서 매일 접하는 물질은 다양한 입자로 이루어져 있다. 빛도 '빛 알갱이'라고 불리는 입자로 이루어져 있다.

문단별 핵심 정리

핵심어를 넣어 각 문단의 중심 내용을 정리해 보자.

1문단 ❶ ☐☐ 은 입자가 스스로 움직여 퍼져 나가는 현상이다.

2문단 ❷ ☐☐ 가 높을수록 입자의 운동이 활발해지기 때문에 확산은 높은 온도에서 빠르게 일어난다.

3문단 ❸ ☐☐ 은 입자들이 스스로 움직여 액체의 표면에서 떨어져 나와 기체로 변하는 현상이다.

4문단 증발은 온도가 높고 액체 ❹ ☐☐ 의 넓이가 넓을수록 더 빠르게 일어난다.

핵심 내용 구조화

핵심 내용을 구조화하여 정리해 보자.

```
                    입자의 운동
         ┌──────────────┴──────────────┐
       확산                           증발
```

확산	증발
• ❶ ☐☐ 가 스스로 움직여 퍼져 나가는 현상임. • 온도가 높을수록 빠르게 일어남. 예 멀리 떨어진 사람도 향수 냄새를 맡을 수 있는 것	• 입자들이 스스로 움직여 표면에서 떨어져 나와 ❷ ☐☐ 로 변하는 현상임. • 온도가 높고 액체 표면의 넓이가 넓을수록 빠르게 일어남. 예 젖은 빨래가 마르는 것

주제 확인

빈칸에 알맞은 말을 써서 이 글의 주제를 완성해 보자.

확산은 ☐☐ 가 스스로 움직여 퍼져 나가는 현상이고, 증발은 입자가 스스로 움직여 액체 표면에서 기체로 변하는 현상이다.

내용 확인 **1** 이 글의 내용으로 적절한 것은?

① 물질의 입자는 스스로 운동한다.
② 액체를 이루는 입자들은 기체로 변하지 않는다.
③ 향수나 물을 이루는 입자는 눈에 보일 정도로 크다.
④ 액체의 표면이 넓을수록 입자의 증발이 느리게 일어난다.
⑤ 뜨거운 물보다 찬물에서 물질의 입자가 활발하게 움직인다.

내용 추론 **2** '증발'의 예로 적절하지 <u>않은</u> 것은?

① 염전에서 바닷물을 햇볕에 말려서 소금을 얻는다.
② 향수병의 뚜껑을 열어 두면 향수가 점차 줄어든다.
③ 옆집에서 고기를 굽는 냄새를 우리 집에서 맡았다.
④ 물걸레로 닦은 교실 바닥의 물기가 시간이 지나면 마른다.
⑤ 이른 아침에 풀잎에 맺혀 있던 이슬이 해가 뜨면 점점 없어진다.

내용 추론 **3** 이 글을 읽고 의 질문에 답한 내용으로 가장 적절한 것은?

> **보기**
> '새집 증후군'은 새 건물의 벽이나 바닥에서 나오는 해로운 물질 때문에 눈이나 목이 따가워지는 등의 증상이 나타나는 것을 말해요. 이런 해로운 물질은 공기 중에 입자 형태로 존재합니다. 새집 증후군을 없애기 위해 이사 가기 전에 새집에 며칠 동안 보일러를 켜 두었다가 환기를 시키기도 하는데 그 이유는 무엇일까요?

① 온도가 높으면 해로운 물질이 빠르게 증발되기 때문이다.
② 온도가 높으면 눈이나 목이 따가운 증상이 없어지기 때문이다.
③ 온도를 높이면 해로운 물질을 집 안에 가둬 둘 수 있기 때문이다.
④ 높은 온도에서 해로운 물질을 만들어 내는 세균이 죽기 때문이다.
⑤ 높은 온도에서 해로운 물질이 스스로 분해되어 사라지기 때문이다.

19 체지방을 측정하는 방법

✓ 어휘 체크

뜻을 알고 있는 어휘에
V표를 해 보세요.

축적 ☐

이상 ☐

추정 ☐

한계 ☐

보완 ☐

1 한자로 어휘 알기

한자와 어휘의 뜻을 읽고, 빈칸에 알맞은 어휘를 써 보자.

모으다 축 蓄 쌓다 적 積	뜻 지식, 경험, 자금 따위를 모아서 쌓음. 또는 모아서 쌓은 것.
	예 근육에 피로 물질이 **1**[ ][ ]되면 근육통이 생긴다.

~부터 이 以 위 상 上	뜻 수량이나 정도가 일정한 기준보다 더 많거나 나음.
	예 투표에서 우리 반 학생의 반 **2**[ ][ ]이 찬성해야 통과된다.

밀다 추 推 정하다 정 定	뜻 미루어 생각하여 판정함.
	예 현장에서 범인을 **3**[ ][ ]할 만한 단서를 찾았다.

한정하다 한 限 경계 계 界	뜻 사물이나 능력, 책임 따위가 실제 작용할 수 있는 범위.
	예 그 선수는 인간의 **4**[ ][ ]를 뛰어넘는 기록을 세웠다.

2 문장에서 어휘 알기

밑줄 친 어휘의 뜻으로 알맞은 것을 골라 보자.

- 기존 제품의 약점을 <u>보완</u>한 신제품이 나왔다.
- 문제점을 <u>보완</u>하기 위해 노력하여 완벽한 결과를 얻었다.

① 수준이나 정도를 더 높임.
② 모자라거나 부족한 것을 보충하여 완전하게 함.
③ 어떤 도구를 사용하여 직접 무언가의 길이, 무게 등을 잼.

1문단 '체지방'은 섭취한 영양분에서 쓰고 남은 영양분을 지방의 형태로 몸속에 ⓐ축적해 놓은 것을 이르는 말이다. 체지방은 피부 밑에 쌓이기도 하고 내장 기관 주위에 쌓이기도 한다. 체지방은 내장을 보호하고 체온을 조절하는 기능을 할 뿐만 아니라 필요시 에너지로 바뀌어 사용되기도 한다. 하지만 체지방이 너무 많이 쌓인 상태인 비만이 되면 여러 가지 질병이 ⓑ발생할 수 있다. 이때 체지방을 조절하기 위해서는 몸속 체지방량을 ⓒ측정할 수 있어야 한다.

2문단 '체질량 지수[BMI]'는 체지방과 관련성이 높은 지수로, 체중(kg)을 키(m)의 제곱으로 나누어 구한다. 우리나라에서는 체질량 지수의 수치가 18.5~22.9이면 정상 체중, 23 이상이면 비만 전 단계, 25 이상이면 1단계 비만, 30 이상이면 2단계 비만, 35 이상이면 3단계 비만이라고 한다. 그러나 운동선수처럼 근육량이 많은 사람은 체지방량이 적어도 체중이 많이 나가 체질량 지수가 높을 수 있다. 이처럼 체질량 지수는 체지방량에 대한 추정만 가능할 뿐 체지방량을 정확하게 알려 줄 수 없다는 한계가 있다.

3문단 체질량 지수의 한계를 보완할 수 있는 체지방 측정 방법으로 '피부두겹법'이 있다. 피부두겹법은 자의 한 종류인 캘리퍼스로 몸 여러 군데의 살을 집어서 피부 밑 지방의 두께를 잰 후 통계 공식에 넣어 체지방량을 계산한다. 하지만 이 방법은 어느 부위를 측정했는지, 측정하는 사람이 얼마나 잘 측정했는지에 따라 수치가 달라질 수 있고, 내장 지방을 측정할 수 없다는 한계가 있다.

4문단 체지방 측정기를 ⓓ이용하여 체지방을 측정하는 방법도 있다. 체지방 측정기는 신체에 접촉한 부분을 통해 몸 안에 약한 전류를 흘려보내 체지방량을 측정한다. 우리 몸속의 수분은 전기가 잘 통하는데 근육 세포는 수분이 많아 전기가 잘 통한다. 반면에 지방 세포는 수분이 거의 없어 전기가 잘 통하지 않는다. 체지방 측정기는 이러한 특성을 이용해서 체지방량을 계산해 낸다. 하지만 몸속 수분의 양에 영향을 많이 받는 방법이므로 물을 마시거나 운동을 하여 몸속 수분의 양에 변화가 생기면 측정한 수치가 정확하지 않을 수 있다. 그러므로 체지방 측정기는 정해진 시간에 ⓔ일정한 조건에서 사용하는 것이 좋다.

'비만'은 무엇일까? 지방은 우리 몸이 힘을 내고, 체온을 유지하는 데 꼭 필요한 성분이다. 따라서 필요한 양의 지방을 꼭 섭취해야 한다. 하지만 몸속에서 필요한 에너지보다 과도하게 영양분을 섭취하게 되면, 필요한 지방을 제외한 나머지가 몸속에 쌓이게 된다. 이렇게 몸 안에 정상보다 많은 체지방이 쌓여 있는 상태를 비만이라고 한다.

문단별 핵심 정리

핵심어를 넣어 각 문단의 중심 내용을 정리해 보자.

1문단 비만이 되면 여러 질병이 생길 수 있으므로 몸속 **1** ☐☐☐ 을 조절해야 한다.

2문단 체질량 지수[BMI]는 **2** ☐ 와 체중을 활용하여 구한다.

3문단 **3** ☐☐☐☐☐ 은 캘리퍼스로 살을 집어서 체지방량을 측정하는 것이다.

4문단 체지방 측정기는 몸 안에 약한 **4** ☐☐ 를 흘려보내서 체지방량을 계산해 낸다.

핵심 내용 구조화

핵심 내용을 구조화하여 정리해 보자.

체지방 측정 방법과 한계

	방법	한계
체질량 지수 [BMI]	**1** ☐☐ (kg)을 키(m)의 제곱으로 나눔.	체지방량에 대한 추정만 가능할 뿐 정확하지 않음.
피부두겹법	캘리퍼스로 몸 이곳저곳의 살을 집어 피부 밑 **2** ☐☐ 의 두께를 잰 후 통계 공식에 넣어 계산함.	• 측정 부위, 측정한 사람의 실력에 따라 수치가 달라질 수 있음. • 내장 지방은 측정할 수 없음.
체지방 측정기	몸 안에 약한 전류를 흘려보내서 측정함.	몸속 **3** ☐☐ 의 양에 따라 결과가 달라질 수 있음.

주제 확인

빈칸에 알맞은 말을 써서 이 글의 주제를 완성해 보자.

☐☐☐ 을 측정할 때 체질량 지수, 피부두겹법, 체지방 측정기를 활용할 수 있다.

내용 확인 — **1** 이 글에 제시된 정보가 <u>아닌</u> 것은?

① 체지방의 개념
② 신체에서 체지방이 쌓이는 부분
③ 체지방이 우리 몸에서 하는 역할
④ 체질량 지수 수치에 따른 비만 정도
⑤ 우리 몸속 근육 세포에 수분이 많은 이유

내용 추론 — **2** 체지방 측정 방법에 대한 이해로 적절하지 <u>않은</u> 것은?

① 체중과 키로 체질량 지수의 수치를 구할 수 있다.
② 체질량 지수는 체지방량과 근육량을 각각 측정할 수 있는 방법이다.
③ 피부두겹법은 사람이 직접 피부 밑 지방의 두께를 재어 수치를 계산한다.
④ 체지방이 적고 근육이 많아도 체질량 지수가 높아 비만으로 판정받을 수 있다.
⑤ 체지방 측정기는 몸속 수분의 영향을 받으므로 일정한 조건에서 사용해야 한다.

어휘 이해 — **3** ⓐ~ⓔ를 바꾸어 쓴 어휘로 적절하지 <u>않은</u> 것은?

① ⓐ 축적해 → 쌓아
② ⓑ 발생할 → 생길
③ ⓒ 측정할 → 살필
④ ⓓ 이용하여 → 써서
⑤ ⓔ 일정한 → 같은

20

사진작가의 힘

✓ 어휘 체크

뜻을 알고 있는 어휘에
V표를 해 보세요.

섬세하다 ☐

관찰 ☐

부각 ☐

재현 ☐

소통 ☐

1 한자로 어휘 알기

한자와 어휘의 뜻을 읽고, 빈칸에 알맞은 어휘를 써 보자.

자세하다 섬 纖
자세하다 세 細

> 뜻 매우 꼼꼼하고 차분하며 자세하다.
> 예 그 영화는 주인공의 마음을 **1** ☐☐ 하게 표현했다.

보다 관 觀
살피다 찰 察

> 뜻 사물이나 현상을 주의하여 살펴봄.
> 예 현미경으로 작은 생물을 **2** ☐☐ 하였다.

뜨다 부 浮
새기다 각 刻

> 뜻 어떤 사물을 특징지어 두드러지게 함.
> 예 서울은 아시아의 중심지로 **3** ☐☐ 되고 있다.

다시 재 再
나타나다 현 現

> 뜻 다시 나타남. 또는 다시 나타냄.
> 예 경찰은 사고가 났던 상황을 **4** ☐☐ 했다.

2 문장에서 어휘 알기

밑줄 친 어휘의 뜻으로 알맞은 것을 골라 보자.

- 가족 간에는 대화를 통한 올바른 소통이 중요하다.
- 영어를 열심히 공부해서 영어로 외국인과 소통할 수 있다.

① 서로 바꿈.
② 뜻이 서로 통하여 오해가 없음.
③ 누군가 가거나 와서 둘이 서로 마주 봄.

1문단 사진은 그림처럼 화가가 붓을 들고 종이에 그리거나, 조각처럼 정과 망치를 들고 돌을 깎아 작품을 만들어 낸 것이 아니다. 사진은 기계 장치인 카메라와 사진작가의 선택을 통해 만들어지는 예술이다. 이렇게 순간을 기록한 사진 작품에는 사진을 사진답게 만드는 사진만의 특성이 담겨 있다. 사진은 카메라라는 기계 장치를 통해 현실을 섬세하고 사실적으로 담아낸다. 이때 사진작가는 모든 현실을 사진에 담는 것이 아니라 카메라 렌즈를 통해 현실을 선택해서 담아낸다.

⬆ 카메라 렌즈 밖 현실　　　　⬆ 카메라로 담아낸 사진

2문단 사진의 이미지는 세상의 이미지들 중에서 사진작가에게 선택된 일부이다. 카메라는 렌즈 앞에 있는 대상의 의미를 알지 못한다. 그래서 사진작가가 대상을 관찰하고 알아 가려는 태도가 중요하다. 사진작가만이 대상에 담긴 의미를 찾아낼 수 있기 때문이다. 대상의 의미를 담은 사진을 찍기 위해서 사진작가는 대상을 끊임없이 관찰해야 한다.

3문단 수많은 사진들은 세상에 존재하는 사람이나 사물을 찍어 기록한 것이다. 현실에서 대상들은 영원히 그 모습 그대로 있는 것이 아니라 시간의 흐름에 따라 변화한다. 사진작가는 변화하는 대상들의 존재를 깨닫고 사진을 통해 대상이 존재한다는 것을 부각해야 한다.

4문단 사진작가는 카메라로 대상의 어떤 순간을 찍는다. 그리고 사진작가의 선택을 통해 사진으로 기록되는 대상의 그 순간은 영원히 사진 속에 남는다. 그래서 사진작가는 대상을 관찰하다가 가장 결정적인 순간을 선택해야 한다.

5문단 사진은 현실을 그대로 찍은 것이기 때문에 현실의 모습을 구체적으로 드러낸다. 어떤 대상을 찍은 사진은 대상의 상태나 상황을 재현한다. 그 사진을 보는 사람은 대상이 무엇인지 곧바로 알 수 있다. 그래서 사진을 보는 사람은 사진을 통해 세상과 소통할 수 있다. 사진작가는 사진을 통한 소통을 자연스럽게 이끌어 내야 한다.

문단별 핵심 정리

핵심어를 넣어 각 문단의 중심 내용을 정리해 보자.

1문단 사진작가는 ❶ ☐☐☐ 를 이용해 현실을 선택하여 담아낸다.

2문단 사진작가는 대상의 의미를 찾기 위해 대상을 끊임없이 ❷ ☐☐ 해야 한다.

3문단 사진작가는 사진을 통해 대상의 존재를 ❸ ☐☐ 해야 한다.

4문단 사진작가는 대상을 관찰하다가 결정적인 ❹ ☐☐ 을 선택해야 한다.

5문단 사진작가는 사진을 보는 사람과 세상의 ❺ ☐☐ 을 이끌어 내야 한다.

핵심 내용 구조화

핵심 내용을 구조화하여 정리해 보자.

사진작가가 갖추어야 할 능력

- • 카메라는 렌즈 앞 대상의 의미를 알지 못하며, 사진작가가 대상을 선택함.
➡ 대상을 끊임없이 관찰해야 함.

- • 대상은 시간의 흐름에 따라 변화함.
➡ 변화하는 대상의 ❶ ☐☐ 를 부각해야 함.

- • 대상의 어떤 순간이 사진으로 영원히 남음.
➡ 결정적인 순간을 ❷ ☐☐ 해야 함.

- • 사진을 보는 사람은 사진을 통해 세상과 소통함.
➡ 사진을 통한 소통을 이끌어 내야 함.

주제 확인

빈칸에 알맞은 말을 써서 이 글의 주제를 완성해 보자.

☐☐ 은 사진작가가 선택한 대상을 담기 때문에 사진작가는 여러 능력을 지녀야 한다.

내용 확인 ── **1** '사진'에 대한 설명으로 적절하지 <u>않은</u> 것은?

① 사진의 이미지는 사진작가에게 선택된 것이다.
② 사진은 카메라라는 기계 장치를 통해 현실을 담는다.
③ 사진은 그림처럼 작가가 직접 그려서 만든 작품이다.
④ 사진은 현실의 한 순간을 섬세하고 사실적으로 담아낸다.
⑤ 사진은 세상에 존재하는 사람이나 사물을 기록한 것이다.

내용 확인 ── **2** 사진작가에게 필요한 능력으로 적절하지 <u>않은</u> 것은?

① 사진을 통한 소통을 이끌어 내야 한다.
② 대상이 존재한다는 것을 부각해야 한다.
③ 대상의 결정적인 순간을 선택해야 한다.
④ 대상의 의미를 찾기 위해 대상을 끊임없이 관찰해야 한다.
⑤ 대상의 상태나 상황이 사진 속에 나타나지 않도록 노력해야 한다.

내용 비판 ── **3** 이 글을 읽고 보인 반응으로 적절한 것은?

① 사진 속 세상은 거짓으로 만들어진 것이구나.
② 사진은 단순히 기술일 뿐 예술 작품으로 볼 수 없어.
③ 사진을 찍는 사람은 사진의 결과물에 영향을 미치지 못하는군.
④ 사진은 보여지는 대상이 중요할 뿐 대상이 가진 의미를 담을 필요는 없어.
⑤ 사진은 현실을 사실적으로 담지만 선택된 현실만을 담아낸다는 특성이 있어.

어휘로 마무리

4주차

어휘 review

배운 어휘를 떠올리며 뜻을 아는 어휘에 V표를 해 보자.

16 학습 어휘

☐ 본질적　☐ 권리
☐ 부여　　☐ 자율적
☐ 동등

17 학습 어휘

☐ 분쟁　　☐ 공정
☐ 간섭　　☐ 임기
☐ 공개

18 학습 어휘

☐ 증거　　☐ 현상
☐ 기체　　☐ 액체
☐ 표면

19 학습 어휘

☐ 축적　　☐ 이상
☐ 추정　　☐ 한계
☐ 보완

20 학습 어휘

☐ 섬세하다　☐ 관찰
☐ 부각　　　☐ 재현
☐ 소통

문제로 어휘 확인하기

1 다음 뜻을 참고하여 알맞은 어휘를 쓰시오.

1 우주선이 달의 | ㅍ | ㅁ | 에 착륙했다.　(　　　)
사물의 가장 바깥쪽. 또는 가장 윗부분.

2 양파가 자라는 과정을 자세히 | ㄱ | ㅊ | 하였다.　(　　　)
사물이나 현상을 주의하여 살펴봄.

3 나는 그의 옷차림을 보고 경찰로 | ㅊ | ㅈ | 하였다. (　　　)
미루어 생각하여 판정함.

4 모든 학생이 | ㄷ | ㄷ | 한 조건에서 시험을 봐야 | ㄱ | ㅈ | 하다.
등급이나 정도가 같음.　　　　　　　　　　공평하고 올바름.
(　　 , 　　)

5 사고 상황을 | ㅈ | ㅎ | 하여 시민들에게 범인을 | ㄱ | ㄱ | 하였다.
다시 나타냄.　　어떤 사실이나 내용을 여러 사람에게 널리 터놓음.
(　　 , 　　)

2 다음 뜻을 보고 보기 에서 알맞은 어휘를 찾아 쓰시오.

보기 | 한계　축적　증거　임기　기체　부각　본질적 |

1 임무를 맡아보는 일정한 기간.　　　　　　(　　　)

2 어떤 사실을 증명할 수 있는 근거.　　　　(　　　)

3 지식, 경험, 자금 따위를 모아서 쌓음.　　(　　　)

4 어떤 사물을 특징지어 두드러지게 함.　　(　　　)

5 사물이나 능력, 책임 따위가 실제 작용할 수 있는 범위.
(　　　)

6 본디부터 가지고 있는 사물 자체의 성질이나 모습에 관한 것.
(　　　)

7 연기나 공기처럼 일정한 모양이 없고, 자유롭게 움직이는 물질.
(　　　)

3 빈칸에 들어갈 알맞은 어휘를 찾아 선으로 이으시오.

1 사람들은 주로 말과 몸짓으로 서로의 의견을 ☐ 한다.

• 권리

2 두 나라의 영토를 둘러싼 ☐ 이 전쟁으로 이어졌다.

• 분쟁

3 법원은 다른 국가 기관의 ☐ 을 받지 않는다.

• 소통

4 열대야 ☐ 때문에 많은 사람들이 잠들기 어려워하고 있다.

• 부여

5 이순신 장군에게 왜적의 침입을 막으라는 중대한 임무가 ☐ 됐다.

• 현상

6 모든 사람은 법 앞에서 평등할 ☐ 가 있다.

• 간섭

4 다음 문장 중 밑줄 친 어휘가 잘못 쓰인 것은?

① 부족한 자료를 <u>보완</u>하여 다시 발표하기로 했다.
② 이 놀이 기구는 키가 160센티미터 <u>이상</u>만 탈 수 있다.
③ 학생들이 공부할 내용을 <u>자율적</u>으로 찾아 공부를 했다.
④ <u>액체</u>는 일정한 모양을 갖지 않으며 물처럼 흐를 수 있다.
⑤ 언니는 성격이 부드럽고 <u>섬세해서</u> 주변 사람에게 전혀 신경 쓰지 않는다.

MEMO

메모하는 곳!

초등
수능독해

비문학

시작편 1

정답과 해설

책 속의 가접 별책 (특허 제 0557442호)

'정답과 해설'은 본책에서 쉽게 분리할 수 있도록 제작되었으므로
유통 과정에서 분리될 수 있으나 파본이 아닌 정상제품입니다.

visang

초등

수능
독해

비문학 | 시작편1

정답과 해설

독해력 가이드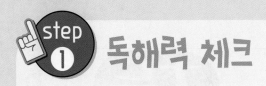

		1주차						2주차		
		문제 유형	문제 정답	맞은 문제				문제 유형	문제 정답	맞은 문제
인문	1	내용 확인	① ② ③ ④ **⑤**			인문	1	내용 확인	① ② **③** ④ ⑤	
	2	내용 확인	① ② ③ ④ **⑤**				2	내용 추론	① ② ③ **④** ⑤	
	3	내용 추론	① **②** ③ ④ ⑤				3	내용 비판	① ② ③ **④** ⑤	
사회	1	내용 확인	① ② ③ **④** ⑤			사회	1	내용 확인	① ② ③ **④** ⑤	
	2	내용 추론	① ② ③ **④** ⑤				2	내용 추론	① ② ③ ④ **⑤**	
	3	내용 비판	① ② ③ **④** ⑤				3	내용 추론	**①** ② ③ ④ ⑤	
과학	1	내용 확인	① ② ③ ④ **⑤**			과학	1	내용 확인	① ② ③ **④** ⑤	
	2	내용 비판	**①** ② ③ ④ ⑤				2	내용 추론	① ② ③ **④** ⑤	
	3	어휘 이해	① **②** ③ ④ ⑤				3	어휘 이해	① ② ③ **④** ⑤	
기술	1	내용 확인	① ② **③** ④ ⑤			기술	1	내용 확인	① ② ③ ④ **⑤**	
	2	내용 추론	① **②** ③ ④ ⑤				2	내용 추론	① ② ③ ④ **⑤**	
	3	내용 추론	① **②** ③ ④ ⑤				3	내용 비판	**①** ② ③ ④ ⑤	
예술	1	내용 확인	**①** ② ③ ④ ⑤			예술	1	내용 확인	① ② ③ **④** ⑤	
	2	내용 확인	① **②** ③ ④ ⑤				2	내용 확인	① ② ③ **④** ⑤	
	3	내용 추론	① ② ③ **④** ⑤				3	내용 추론	① **②** ③ ④ ⑤	
맞은 문제 개수				/ 15		맞은 문제 개수				/ 15

내가 많이 틀린 문제의 유형을 확인하고, **step ②** 독해력 코칭(4~7쪽)에서 문제 유형에 맞는 독해 방법을 알아보세요.

step ① 독해력 체크

① 맞은 문제와 틀린 문제를 체크해서, 맞은 문제 칸에 O표와 X표로 표시하세요.

② 내용 확인, 내용 추론, 내용 비판, 어휘 이해 중에서 어떤 문제를 많이 틀렸는지 확인해 보세요.

step ② 독해력 코칭

문제 유형에 따라 지문을 읽는 방법, 문제를 푸는 방법을 알아보세요.

		3주차		
		문제 유형	문제 정답	맞은 문제
인문	1	내용 확인	① **②** ③ ④ ⑤	
	2	내용 확인	① ② ③ ④ **⑤**	
	3	내용 추론	① ② ③ **④** ⑤	
사회	1	내용 확인	① ② ③ ④ **⑤**	
	2	내용 추론	① ② ③ **④** ⑤	
	3	내용 비판	① ② ③ ④ **⑤**	
과학	1	내용 확인	① **②** ③ ④ ⑤	
	2	내용 추론	① **②** ③ ④ ⑤	
	3	어휘 이해	**①** ② ③ ④ ⑤	
기술	1	내용 확인	① ② ③ **④** ⑤	
	2	내용 추론	① ② **③** ④ ⑤	
	3	내용 추론	**①** ② ③ ④ ⑤	
예술	1	내용 확인	① ② ③ **④** ⑤	
	2	내용 추론	① **②** ③ ④ ⑤	
	3	어휘 이해	① **②** ③ ④ ⑤	
맞은 문제 개수			/ 15	

		4주차		
		문제 유형	문제 정답	맞은 문제
인문	1	내용 확인	① ② **③** ④ ⑤	
	2	내용 추론	① ② ③ ④ **⑤**	
	3	내용 추론	① ② ③ **④** ⑤	
사회	1	내용 확인	① **②** ③ ④ ⑤	
	2	내용 추론	① **②** ③ ④ ⑤	
	3	내용 비판	① ② ③ ④ **⑤**	
과학	1	내용 확인	**①** ② ③ ④ ⑤	
	2	내용 추론	① ② **③** ④ ⑤	
	3	내용 추론	**①** ② ③ ④ ⑤	
기술	1	내용 확인	① ② ③ ④ **⑤**	
	2	내용 추론	① **②** ③ ④ ⑤	
	3	어휘 이해	① ② **③** ④ ⑤	
예술	1	내용 확인	① ② **③** ④ ⑤	
	2	내용 확인	① ② ③ ④ **⑤**	
	3	내용 비판	① ② ③ ④ **⑤**	
맞은 문제 개수			/ 15	

독해력 가이드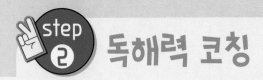

step ❷ 독해력 코칭

✔ 비문학을 독해하는 능력

글 한 편에는 많은 정보가 담겨 있습니다. 글을 이해하기 위해서는 정보를 확인하고, 정보 속에 감춰진 내용을 추론하고, 정보에 대한 비판적 질문을 하며 읽어야 합니다. 비문학 독해를 잘하려면 다음 세 가지 독해 능력을 골고루 갖춰야 합니다. 그리고 어휘력은 독해 능력 이전에 갖춰야 하는 기본적·필수적 능력입니다.

비판적 독해
사실적 독해와 추론적 독해를 바탕으로
타당성과 적절성을 따지며 읽는 능력
- 핵심 능력 비판 능력, 문제 해결 능력
- 문제 유형 내용 비판 문제

추론적 독해
글의 내용과 배경지식을 바탕으로
의미를 재구성하며 읽는 능력
- 핵심 능력 추론 능력, 적용 능력, 분석 능력
- 문제 유형 내용 추론 문제

사실적 독해
글의 특성을 이해하고 글의 내용을
사실 그대로 파악하며 읽는 능력
- 핵심 능력 정보 이해 능력, 정보 확인 능력
- 문제 유형 내용 이해 문제

어휘력
어휘의 뜻을 알고, 문장 안에서의
역할과 의미를 파악하는 능력

4

① 내용 확인 문제를 많이 틀렸다면!

내용 확인 문제는 지문에 나온 정보를 확인하고, 정보가 어떤 순서로 나타나는지를 파악하는 문제입니다. 그래서 내용 확인 문제는 글을 읽으며 글의 정보를 이해하고 파악하는 **사실적 독해**가 잘 이루어졌는지 평가합니다.

글에 드러난 정보를 확인하는 독해

사실적 독해

정보가 어떠한 순서로 배열되는지 파악하는 독해

전달하려는 핵심 정보를 파악하는 독해

◎ 사실적 독해를 잘 하려면?

✳ 빨리 읽는 것보다 정확하게 읽는 습관을 가져요.
✳ 글을 읽으면서 핵심어, 문단의 중심 문장을 표시하며 읽어요.
✳ 글을 다 읽고 표시한 내용을 중심으로 보면서 글 전체의 주제를 파악해요.
✳ 글의 내용을 그대로 이해하는 것이 중요하니, 내용에 대한 자기 생각이나 판단을 넣지 않아요.

◎ 내용 확인 문제를 잘 풀려면?

✳ 선택지 내용과 지문에 나온 정보를 꼼꼼하게 비교해요.
✳ 지문에서 대상을 설명하기 위해 어떤 전개 방식을 사용하고 있는지 파악해요.

❷ 내용 추론 문제를 많이 틀렸다면!

내용 추론 문제는 지문에 나온 정보를 바탕으로 글에서 생략된 내용을 짐작하는 문제입니다.
내용 추론 문제는 글에 제시된 정보를 바탕으로 새로운 정보를 이끌어 내는 **추론적 독해**가 잘 이루어졌는지 평가합니다.

○ 추론적 독해를 잘 하려면?

✳ 배경지식을 활용해서 글의 정보와 관련된 내용을 떠올리며 읽어요.
✳ 글의 앞뒤에 들어갈 수 있는 내용이 무엇일지 생각하며 읽어요.
✳ 글쓴이의 입장을 파악하고, 글쓴이가 어떤 태도를 지녔는지 생각하며 읽어요.
✳ 글을 쓴 동기, 목적, 글을 통해 얻고자 하는 효과가 무엇인지 파악하며 읽어요.

○ 내용 추론 문제를 잘 풀려면?

✳ 문제에서 묻고 있는 추론의 대상이 무엇인지 파악해요.
✳ 지문의 정보를 참고하여 선택지에서 추론한 내용이 올바른지 판단해요.

❸ 내용 비판 문제를 많이 틀렸다면!

내용 비판 문제는 지문에 나온 정보와 글쓴이의 관점을 비판적으로 판단하는 문제입니다.
내용 비판 문제는 글에 제시된 정보의 타당성과 공정성을 판단하며 읽는 비판적 독해가 잘 이루어졌는지 평가합니다.

비판적 독해

글에 제시된
내용의 타당성을
판단하는 독해

글쓴이의 생각이나
관점의 타당성을
파악하는 독해

문제를 해결하는
더 나은 방법을
생각해 보는 독해

◉ 비판적 독해를 잘 하려면?

✶ 글쓴이가 어떤 입장과 관점에서 글을 쓰는지 파악하며 읽어요.
✶ 글에 나타난 주장과 근거의 관계가 타당한지 판단하며 읽어요.
✶ 글의 부분 내용과 전체 내용의 연관성이 올바른지 파악하며 읽어요.
✶ 글에는 드러나지 않은, 다양한 관점을 떠올리며 읽어요.

◉ 내용 비판 문제를 잘 풀려면?

✶ 선택지에 제시된 주장과 근거의 연관성을 확인해요.
✶ 선택지가 타당한 기준에서 지문의 내용을 비판하고 있는지 판단해요.

01 시계의 역사

10쪽 ~ 13쪽

✅ 어휘 체크   10쪽

1 ① 태초   **2** ③
   ② 측정
   ③ 대중화
   ④ 협업

2 두 문장 모두 일이나 사물이 점차 발달한다는 의미를 담고 있다. '진화'는 '나아가다 진(進), 되다 화(化)'가 쓰여 일이나 사물 따위가 점점 발전한다는 의미이다. ①은 '진압하다 진(鎭), 불 화(火)'가 쓰인 '진화'의 뜻, ②는 '진행'의 뜻이다.

독해 핵심 체크   12쪽

문단별 핵심 정리

1 태초   **2** 기계
3 산업화   **4** 시계

핵심 내용 구조화

1 자연   **2** 태엽
3 디지털

주제 확인

시계

문단별 핵심 정리   1문단에서는 시간을 파악하고 이용하기 위한 인간의 노력을, 2문단에서는 기계 시계의 등장을, 3문단에서는 산업화가 시계의 발달에 미친 영향을, 4문단에서는 디지털시계의 등장과 없어서는 안 될 존재가 된 시계에 대해 설명하고 있다.

핵심 내용 구조화   '자연 → 커다란 추로 움직이는 기계 시계 → 태엽의 사용으로 휴대가 가능해진 기계 시계(회중시계, 손목시계) → 디지털시계'라는 시계의 발전 과정을 제시하였다.

주제 확인   이 글은 정확한 시간의 측정과 통일된 시간 공유를 위한 인간의 노력을 말한 뒤, 기계 시계에서 디지털시계까지 시계의 진화 과정을 단계적으로 설명하고 있다.

문제 정답 및 해설   13쪽

1 ⑤

2 ⑤

3 ②

1 태엽의 발명으로 소형화된 시계가 대중화되면서 사람들은 어느 곳에 있든 정확한 시간을 함께 알고 지키게 되었다.

오답인 이유
❶ 1문단에서 인류는 시계가 발명되기 이전에 자연을 시계로 삼아 생활했다고 하였다.
❷ 1문단에서 인류는 정확하게 시간을 측정하기 위해 노력했다고 하였다.
❸ 2문단에서 초기의 기계 시계는 크기가 무척 컸지만 태엽이 발명되면서 기계 시계의 크기가 점차 작아져 휴대가 가능해졌다고 하였다.
❹ 4문단에서 시계가 진화해도 시간을 활용하는 것은 사람이라고 하였다.

2 추를 이용한 기계 시계가 발명되면서 시간을 공유하게 되었고, 태엽의 발명으로 휴대가 가능한 시계가 등장하여 시계가 대중화되었다. 그 후에는 시곗바늘 대신 숫자로 시간을 나타내는 디지털시계가 발명되면서 누구나 쉽게 시간을 알 수 있게 되었다.

3 3문단에서 마을, 도시, 국가 간의 협업이 이루어지게 된 산업화 시대에 시간을 지키는 것이 중요하다는 사회적 요구가 기계 시계의 빠른 발달로 이어졌다고 설명하고 있다.

02 버려진 전자 제품의 행방

✓ 어휘 체크　14쪽

1 ❶ 폐기　　2 ③
　❷ 협약
　❸ 유해
　❹ 엄격

2 첫 번째 문장은 유행에서, 두 번째 문장은 기술에서 가장 앞서 나간다는 의미를 담고 있다. '첨단'은 '뾰족하다 첨(尖), 끝 단(端)'이 쓰여 유행, 기술, 학문 등의 변화에서 가장 앞서 나간다는 의미이다. ①은 '첨가'의 뜻, ②는 '최하'의 뜻이다.

독해 핵심 체크　16쪽

문단별 핵심 정리
1 처리　　2 불법
3 유해　　4 무분별

핵심 내용 구조화
1 경제적　2 선진국
3 환경

주제 확인
전자 폐기물

문단별 핵심 정리 1문단에서 전자 폐기물이 늘어나는 문제점을 제시하고, 2~3문단에서 선진국이 개발 도상국에 전자 폐기물을 수출하는 이유와 그로 인한 개발 도상국의 피해를 설명하였다. 4문단에서 선진국이 해야 할 일과 소비자인 우리가 해야 할 일을 당부하였다.

핵심 내용 구조화 선진국과 개발 도상국 간의 전자 폐기물 불법 거래가 이루어지는 이유와 그에 따른 문제점을 설명하였다.

주제 확인 이 글은 전자 폐기물이 불법으로 수출되어 일으키는 문제를 설명한 뒤, 이러한 문제를 해결하기 위해 할 일을 당부하며 글을 마무리하고 있다.

문제 정답 및 해설　17쪽

1 ④

1 2문단에서 전자 폐기물은 규정에 따라 재활용되기도 한다고 했지만 재활용하는 방법에 대해서는 제시하지 않았다. 또한 1문단에서 전자 폐기물을 처리하는 방법은 간단하지 않다고 하였다.

오답인 이유
❶ 1문단에서 전자 폐기물의 양이 매년 5,000만 톤에 이른다고 하였다.
❷ 3문단에서 전자 폐기물에 수은, 납, 카드뮴과 같이 해로운 성분이 포함되어 있다고 하였다.
❸ 1문단에서 휴대 전화처럼 교체 주기가 짧은 전자 제품은 빠르게 전자 폐기물이 된다고 하였다.
❺ 3문단에서 선진국과 비교해서 개발 도상국은 임금이 싸고 환경법이 엄격하지 않아서 적은 비용으로 전자 폐기물 처리가 가능하다고 하였다.

2 ④

2 바젤 협약은 유해 폐기물의 국가 간 이동을 제한하는 국제 협약으로, 유해 폐기물이 선진국에서 개발 도상국으로 흘러 들어가는 것을 막기 위해 만들어졌다. 4문단에서 선진국의 전자 폐기물이 개발 도상국으로 수입되어 환경 불평등이 발생하고 지구의 환경이 오염되는 문제를 일으킨다고 하였다.

3 ④

3 이 글은 선진국과 개발 도상국이 불법으로 전자 폐기물을 거래하여 발생하는 문제점에 대해 설명하고 있다. 따라서 이 글을 읽은 후 ④와 같은 반응을 보이는 것은 적절하지 않다.

정답과 해설

9

✅ 어휘 체크   18쪽

1 1 척박   **2** ①
2 항로
3 혜택
4 불모

2 첫 번째 문장은 비용을, 두 번째 문장은 에너지를 아끼어 줄인다는 의미를 담고 있다. '절감'은 '절약하다 절(節), 덜다 감(減)'이 쓰여 시간이나 비용 등을 아끼고 줄인다는 의미이다. ②는 '증대'의 뜻, ③은 '낭비'의 뜻이다.

독해 핵심 체크   20쪽

문단별 핵심 정리
1 경쟁   2 자원
3 무역   4 극지방

핵심 내용 구조화
1 에너지   2 비용
3 경제적

주제 확인
극지방 개발

문단별 핵심 정리 1문단에서 극지방 개발을 두고 경쟁하고 있는 상황을, 2문단에서 극지방 개발로 얻을 수 있는 막대한 자원을, 3문단에서 북극해 항로를 통해 얻을 수 있는 교통과 무역에서의 이익을 설명하고, 4문단에서 극지방 개발에 적극적으로 참여해야 한다는 주장을 하였다.

핵심 내용 구조화 글쓴이는 극지방 개발로 얻을 수 있는 자원과 교통·무역에서의 이익을 구체적으로 제시하고, 이를 근거로 우리나라도 극지방 개발에 적극적으로 참여해야 한다고 주장하고 있다.

주제 확인 글쓴이는 극지방 개발에 따른 경제적 이익을 근거로 들며 극지방 개발에 대한 주장을 하고 있다.

문제 정답 및 해설   21쪽

1 ⑤

1 2문단에서 남극 지방이 아닌 북극 지방에 전 세계 매장량의 25 퍼센트에 이르는 석유와 가스가 매장되어 있다고 하였다.

오답인 이유
❶ 1문단에서 극지방은 남극과 북극을 중심으로 한 그 주변 지역이라고 하였다.
❷ 3문단에서 북극의 빙하가 녹으면서 동아시아와 유럽을 잇는 새로운 북극해 항로가 열리고 있다고 하였다.
❸ 1문단에서 극지방은 환경이 척박하고 접근하기가 어려워 큰 관심을 받지 못했다고 하였다.
❹ 2문단에서 극지방에는 해양 생물의 먹이가 되는 크릴이 2억 톤 이상 잡히는 등 수산 자원이 풍부하다고 하였다.

2 ①

2 보기는 극지방의 환경적 가치를 설명하고 있다. 따라서 보기의 글쓴이는 이 글의 글쓴이에게 경제적 이익만 중요시하여 극지방을 개발하면 환경이 파괴될 수 있음을 경고할 것이다.

🔍 보기 돋보기
보기에서는 남극의 지역적 특징과 북극의 환경적 가치를 설명하고 있다. 보기를 읽고 경제적 이익을 위해 극지방을 개발하였을 때 지구 환경에 좋지 않은 영향을 미칠 수 있다는 점을 알 수 있다.

3 ②

3 ⓑ'풍부하다'의 뜻은 '넉넉하고 많다.'이다. 필요한 양이나 기준에 미치지 못해 충분하지 않다는 뜻을 가진 어휘는 '부족하다'이다.

생체 인식 기술의 발달

✓ 어휘 체크   22쪽

1 **1** 위조   **2** ③
    2 인식
    3 추출
    4 고유

2 첫 번째 문장은 문화재가, 두 번째 문장은 시험 문제가 밖으로 나갔다는 의미를 담고 있다. '유출'은 '흐르다 유(流), 나가다 출(出)'이 쓰여 안에 있던 귀중한 물품이나 정보가 불법적으로 밖으로 빠져 나간다는 의미이다. ①은 '유입'의 뜻, ②는 '수출'의 뜻이다.

독해 핵심 체크   24쪽

문단별 핵심 정리

1 생체   **2** 구별
3 신체적   **4** 행동적

핵심 내용 구조화

1 지문   **2** 높낮이

주제 확인

인식

문단별 핵심 정리 1문단에서 생체 인식 기술에 대한 높은 관심을 제시한 뒤, 2문단에서 생체 인식 기술의 개념을, 3문단과 4문단에서 생체 인식 기술의 다양한 종류를 설명하고 있다.

핵심 내용 구조화 3문단에서 신체적 특징을 이용한 생체 인식 기술의 종류와 특성을, 4문단에서 행동적 특징을 이용한 생체 인식 기술의 종류와 특성을 설명하고 있다.

주제 확인 이 글은 개인 정보 유출이 늘어남에 따라 생체 인식 기술에 대한 관심이 높아지고 있는 상황을 제시한 뒤, 생체 인식 기술의 다양한 종류와 특성을 설명하였다.

문제 정답 및 해설   25쪽

1 ③

2 ②

3 ②

1 4문단에서 행동적 특징을 이용하는 생체 인식 기술을 설명하고 있다. 행동적 특징을 이용하는 생체 인식 기술에는 음성 인식, 걸음걸이 인식 등이 있다.

2 생체 인식 기술이 개인 정보를 보호할 수 있는 보안 기술이라는 설명이 1문단에 제시되어 있지만, 생체 인식 기술을 대신할 기술에 대한 설명은 제시되지 않았다.

오답인 이유
❶ 3문단에서 지문 인식이 가장 널리 쓰이는 생체 인식 기술이라고 하였다.
❸ 1문단에서 정보 통신 기술이 발달하면서 개인 정보 유출 관련 범죄가 증가했다고 하였다.
❹ 3문단에서 홍채 인식이 정확성, 안정성, 처리 속도 면에서 가장 발전된 생체 인식 기술로 평가받는다고 하였다.
❺ 2문단에 생체 인식 기술로 활용할 수 있는 신체적, 행동적 특징의 조건이 제시되어 있다. 누구나 가지고 있을 것, 각 사람마다 고유하여 변하지 않을 것, 특징을 디지털 형태로 바꾸기 쉬울 것 세 가지 조건을 들었다.

3 4문단에서 최근에는 신체적 특징과 행동적 특징을 함께 사용하여 생체 인식의 정확도를 높이려는 시도가 이루어지고 있다고 하였으므로 이와 같은 방향으로 발전할 것임을 예측할 수 있다.

05 예술 동양화와 서양화

✅ 어휘 체크   26쪽

1 ① 여백   **2** ②
    ② 채색
    ③ 명암
    ④ 인격

2 첫 번째 문장은 꿈과 현실이 구별되지 않는다는 의미를, 두 번째 문장은 수학과 과학을 구별하지 않고 연구를 했다는 의미를 담고 있다. '경계'는 '경계 경(境), 경계 계(界)'가 쓰여 사물이 어떤 기준에 의하여 구별되는 한계를 의미한다. ①은 '공간'의 뜻, ③은 '구분'의 뜻이다.

독해 핵심 체크   28쪽

문단별 핵심 정리
① 개성   ② 배경
③ 재료   ④ 철학
⑤ 경계

핵심 내용 구조화
① 여백   ② 색
③ 선   ④ 인격

주제 확인
동양화

문단별 핵심 정리 1문단에서 동양화와 서양화의 개념과 차이에 대해 언급하고, 2~4문단에서 동양화와 서양화의 구체적인 특징을 설명하며 두 대상을 비교하고 있다. 5문단에서 동양화와 서양화의 경계가 무너진 상황을 말하며 글을 마무리하고 있다.

핵심 내용 구조화 2문단에서 동양화와 서양화의 색과 배경의 차이를, 3문단에서 재료와 표현 기법의 차이를, 4문단에서 그림에 대한 철학의 차이를 각각 비교하며 설명하고 있다.

주제 확인 이 글은 동양화와 서양화가 지닌 고유의 개성을 설명하면서 두 대상의 특성을 비교하고 있다.

문제 정답 및 해설   29쪽

1 ①

2 ②

3 ④

1 이 글은 동양화와 서양화의 특성을 비교하여 두 대상의 차이점을 드러내고 있다.

2 3문단에서 동양화는 덧칠과 수정이 어렵기 때문에(ㄱ) 순간적인 표현력이 중요하고(ㄴ), 먹을 먹인 붓으로 그림을 그려서 선으로 표현하는 기법이 발달했다고(ㅁ) 하였다. ㄷ과 ㄹ은 서양화의 특성이다.

3 4문단에서 동양화는 인격 수양의 방법이므로 정신과 인격을 그림으로 표현하는 것을 중요하게 여긴다고 하였다. 서양화는 모습을 기록하는 방법이었기에 대상을 정확하고 사실적으로 표현하는 것을 중요하게 여긴다고 하였다.

오답인 이유
❶ 3문단에서 동양화와 서양화의 재료를 알 수 있고, 4문단에서 동양화와 서양화의 철학을 알 수 있다. 동양화와 서양화 모두 재료적 특징과 철학적 특징을 지니고 있다.
❷ 4문단에서 근대 이전의 서양화는 정확하고 사실적인 표현이 강조되었다고 하였지만, 이 내용만으로 서양화가 사진에 밀려서 사라질 것이라고 추측하기는 어렵다.
❸ 이 글은 동양화와 서양화를 비교하여 설명할 뿐, 어느 것이 더 뛰어나다고 하지 않았다.
❺ 4문단에서 근대 이전의 서양에서는 그림의 기록적인 측면이 강조되어 사실적으로 그렸음을 알 수 있다.

1
1 태초　　2 척박　　3 엄격　　4 유해, 폐기　　5 채색, 진화

2
1 항로　　2 인격　　3 불모　　4 고유　　5 협업
6 여백　　7 명암

3

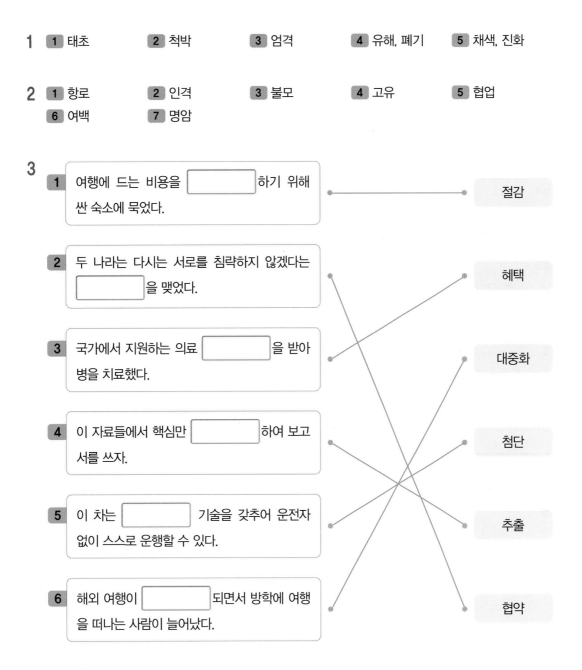

1 여행에 드는 비용을 [　　] 하기 위해 싼 숙소에 묵었다. — 절감

2 두 나라는 다시는 서로를 침략하지 않겠다는 [　　]을 맺었다. — 혜택

3 국가에서 지원하는 의료 [　　]을 받아 병을 치료했다. — 대중화

4 이 자료들에서 핵심만 [　　]하여 보고서를 쓰자. — 첨단

5 이 차는 [　　] 기술을 갖추어 운전자 없이 스스로 운행할 수 있다. — 추출

6 해외 여행이 [　　] 되면서 방학에 여행을 떠나는 사람이 늘어났다. — 협약

4 ④ ⋯⋯ ④의 '인식'은 '사물을 분별하고 판단하여 아는 것.'이라는 뜻으로 성실하다고 여겨져 좋은 평가를 받았다는 내용의 문장에는 어울리지 않는다. '인식'보다는 '확실히 그렇다고 여김.'이라는 뜻의 '인정'과 같은 어휘가 이 문장에 적절하다.

✔ 어휘 체크   34쪽

1 ① 임무   **2** ②
   ② 근본
   ③ 청렴
   ④ 수양

2 첫 번째 문장은 심판의 판정이 옳지 않아 항의한다는 의미이고, 두 번째 문장은 한 가지 잘못 때문에 그 사람이 한 모든 일을 나쁘게 보는 것은 옳지 않다는 의미이다. '부당'은 '아니다 부(不), 마땅하다 당(當)'이 쓰여 일이 도리에 맞지 않거나 옳지 않다는 의미이다. ①은 '적용'의 뜻, ③은 '판단'의 뜻이다.

독해 핵심 체크   36쪽

문단별 핵심 정리

1 선비   **2** 임무
3 수양   **4** 이황

핵심 내용 구조화

1 지도   **2** 유교
3 독서

주제 확인

수양

문단별 핵심 정리   1문단에서는 선비라는 호칭의 의미, 2문단에서는 선비의 임무, 3문단에서는 선비의 수양 방법, 4문단에서는 백성들의 존경을 받고 사회 지도 계층의 역할에 충실했던 선비를 예를 들어 설명하고 있다.

핵심 내용 구조화   선비라는 호칭의 의미를 설명하고, 선비의 임무로 유교 규범을 실천하여 올바른 사회를 만들고, 백성의 모범이 되어야 하는 점을 들었다. 이러한 선비의 임무를 해내기 위해 선비들이 자신을 수양한 방법으로 독서를 통한 학문 수양과 마음 수양 있음을 설명하였다.

주제 확인   이 글은 조선 시대에 어떤 사람들이 '선비'라는 호칭으로 불렸는지, 선비가 지닌 임무와 선비로서의 임무를 다하기 위해 선비들이 노력한 방법은 무엇인지를 제시하여 당시 사회 지도 계층이었던 선비에 대해 설명하였다.

문제 정답 및 해설   37쪽

1 ③

2 ④

3 ④

1 이 글에서는 조선 시대의 지도 계층인 선비에 대해 설명하며, 선비의 임무와 선비의 수양 방법 및 대표적인 선비의 예를 들고 있다.

2 2문단의 내용으로 보아 선비가 유교 규범을 실천해서 백성들에게 모범이 되고 유교 규범을 널리 펼치려고 했음을 짐작할 수 있다.

오답인 이유
❶ 2문단에서 선비가 유교 규범을 실천하고 널리 펼쳐 사람들을 깨우쳐야 한다고 했으므로 선비라는 호칭은 유교 사상과 관련이 있다.
❷ 1문단에서 선비가 모범이 되고 명성을 얻은 인물이라는 내용은 있지만 한번 얻은 명성이 평생 동안 계속되었다고 추측하기는 어렵다.
❸ 2문단에서 선비는 권력과 재물을 탐내지 않고, 권력을 지닌 사람이 부당한 행동을 하지 못하도록 감시해야 한다고 했다.
❺ 3문단에서 선비의 독서는 지식을 쌓고 깨닫는 것에서 끝나지 않고 실천까지 하는 것이라고 했다.

3 2문단에서 조선의 사회 지도 계층이었던 선비는 권력이나 재물을 탐하지 않고 백성에게 모범이 되는 삶을 살아야 할 임무가 있다고 하였다. 3문단에서 선비가 학문을 수양한다고 하였으나 이는 권력을 유지하기 위해서가 아니라 선비로서의 임무를 수행하기 위해서였다.

07 의원 내각제와 대통령제

✓ 어휘 체크   38쪽

1 1 선출   **2** ③
   2 밀접
   3 횡포
   4 독립적

2 두 문장 모두 상대가 행동을 하지 못하거나 침략을 하지 못하게 한다는 의미를 담고 있다. '견제'는 '강제하다 견(牽), 억제하다 제(制)'가 쓰여 상대가 지나치게 세력을 펴거나 자유롭게 움직이지 못하게 한다는 의미이다. ①은 '협력'의 뜻, ②는 '간섭'의 뜻이다.

[독해] 핵심 체크   40쪽

문단별 핵심 정리
1 대표   **2** 입법부
3 협력   **4** 견제
5 정부

핵심 내용 구조화
1 내각   **2** 대통령
3 횡포

주제 확인
정부

문단별 핵심 정리 1문단에서는 정부의 형태가 달라 국가의 대표를 부르는 호칭이 다름을 설명하고, 2문단에서는 현대 민주 국가의 국가 운영 기관과 대표적 정부 형태, 3문단에서는 의원 내각제의 특징과 장단점을 설명하였다. 4문단에서는 대통령제의 특징과 장단점, 5문단에서는 각 국가의 역사적 상황과 정치 현실에 따라 정부 형태가 다양하다는 것을 설명하였다.

핵심 내용 구조화 3문단에서의 의원 내각제는 의회와 행정부가 협력하는 정부 형태라고 하였다. 4문단에서 대통령제는 의회와 행정부가 견제하는 정부 형태라고 하였다.

주제 확인 이 글에서는 현대 민주 국가의 대표적 정부 형태인 의원 내각제와 대통령제의 특징과 장단점에 대해 설명하였다.

문제 정답 및 해설   41쪽

1 ④

2 ⑤

3 ①

1 2문단에서 현대 민주 국가의 정부 형태는 입법부와 행정부의 관계에 따라 의원 내각제와 대통령제로 나눌 수 있다고 하였다.

2 3문단에서 의원 내각제에서는 선거에서 가장 많은 표를 얻은 정당의 대표가 총리가 되고, 총리가 의원들 중 장관을 정해 행정부인 내각을 만든다고 하였다. 이렇게 한 정당에서 의회와 내각을 함께 차지하므로 정책을 결정하고 집행할 때 한 정당의 의견만을 따르게 될 수 있다.

> **오답인 이유**
> ❶ 4문단에서 대통령제에서는 대통령이 강력한 권한을 지닌다고 하였다.
> ❷ 3문단에서 의원 내각제에서는 많은 표를 차지한 정당의 대표가 총리가 되고, 총리가 장관을 정해 내각을 구성한다고 하였다.
> ❸ 4문단에서 대통령제에서는 의회와 행정부가 엄격하게 나뉘어 서로 견제한다고 하였다.
> ❹ 2문단에서 입법부인 의회에서 법률을 제정한다고 하였다.

3 보기의 국가는 국민이 선거로 입법부인 의회의 의원과 대통령을 각각 선출하는 대통령제를 채택하고 있다. 보기에서 보듯이 대통령제에서는 대통령이 행정부를 구성하기 때문에 의회와 행정부의 관계가 밀접하지 않고 독립적으로 분리된다.

08 귀를 지키는 귀지

과학

42쪽 ~ 45쪽

✔ 어휘 체크   42쪽

1
1 이물질   **2** ①
2 습도
3 유형
4 정화

2 첫 번째 문장은 아기의 피부가 부드러워 상처가 나기 쉽다는 뜻을, 두 번째 문장은 사람의 힘이 약해서 물건을 들지 못한다는 뜻을 담고 있다. '연약하다'는 '연하다 연(軟), 약하다 약(弱)'이 쓰여 단단하지 않고 힘이 약하다는 의미를 나타낸다. ②는 '곱다'의 뜻, ③은 '게으르다'의 뜻이다.

독해 핵심 체크   44쪽

문단별 핵심 정리
1 외이   **2** 귓구멍
3 습도   **4** 마른
5 귀

핵심 내용 구조화
1 분비물   **2** 마른

주제 확인
건강

문단별 핵심 정리 1문단에서는 귀지가 만들어지는 곳과 귀지를 만드는 물질을, 2문단에서는 연약한 귓구멍 안을 보호하는 귀지의 역할을, 3문단에서는 귀 건강을 지켜 주는 귀지의 역할을, 4문단에서는 귀지의 유형을, 5문단에서는 귀지를 억지로 파내면 안 되는 이유를 설명하고 있다.

핵심 내용 구조화 이 글에서는 귀지가 만들어지는 장소와 귀지를 구성하는 물질, 귀지의 역할, 귀지의 유형, 귀지와 관련된 주의점을 차례대로 설명하고 있다.

주제 확인 이 글은 귀지는 무엇인지, 귀지가 우리 몸에서 어떤 역할을 하는지, 귀지를 어떻게 다루어야 하는지를 중점적으로 설명하고 있다.

문제 정답 및 해설   45쪽

1 ④

2 ④

3 ④

1 4문단에서 귀지가 귓속으로 침입하려는 바이러스나 세균을 막아 준다고 하였지만, 그러한 바이러스나 세균이 어떤 종류인지는 설명하지 않았다. ①은 4문단에서, ②는 1문단에서, ③은 2~3문단에서, ⑤는 5문단에서 확인할 수 있다.

2 4문단에서 귀지는 그 성질에 따라 젖은 귀지와 마른 귀지로 나눌 수 있는데, 서양 사람들에게는 젖은 귀지가 많고 동양 사람들에게는 마른 귀지가 많다고 하였다. 따라서 동양 사람인 '현정'과 '현정'의 어머니에게는 마른 귀지가 있을 가능성이 높다.

오답인 이유
❶ 3문단에서 귀지가 세균이나 바이러스의 침입을 막아 준다고 하였다. 따라서 귀지를 파내면 세균이나 바이러스가 귓속으로 쉽게 들어오게 될 것이다.
❷ 1문단에서 외이에 있는 작은 털들이 외부의 먼지와 같은 이물질을 막아 준다고 하였다. 따라서 이 털들이 많으면 먼지가 덜 들어오게 될 것이다.
❸ 3문단에서 귀지는 귓속의 습도를 적절하게 유지하는 일을 한다고 하였다. 따라서 귓속의 습도를 적절히 조절하려면 귀지를 제거해서는 안 된다.
❺ 4문단에서 사람에 따라 귀지의 색이나 마른 정도는 다를 수 있지만 그 역할은 같다고 하였다.

3 ⓓ '건조'가 쓰인 문장에서, 건조한 귀지는 잘 바스러진다고 하였고, 그런 귀지를 '마른 귀지'라고 부른다고 하였다. ⓓ '건조'는 '말라서 젖은 듯한 기운이 없음.'을 뜻한다.

09 스스로 달리는 자동차

✔ 어휘 체크 46쪽

1 1 결함 **2** ③
   2 지속적
   3 대비
   4 보급

2 배우가 되고, 성공을 하는 등 어떤 일이 잘되는 데 도움이 된다는 의미이므로 '뒷받침'은 어떤 일이 잘되도록 뒤에서 지지하고 도와주는 일이라는 뜻임을 짐작할 수 있다. ①은 '뒷정리'의 뜻, ②는 '뒷조사'의 뜻이다.

독해 핵심 체크 48쪽

문단별 핵심 정리
1 운전 **2** 기술
3 삶   **4** 보급

핵심 내용 구조화
1 교통사고 **2** 도로

주제 확인
자율 주행

문단별 핵심 정리 1문단에서는 자율 주행 기술의 개념, 2문단에서는 자율 주행 자동차에 사용되는 첨단 기술들, 3문단에서는 자율 주행 자동차가 우리의 삶에 미치는 영향, 4문단에서는 자율 주행 자동차를 보급하기 위해 기술 발전 외에 사회적 뒷받침이 필요함을 설명하고 있다.

핵심 내용 구조화 이 글에서는 자율 주행 자동차의 개념과 함께 자율 주행을 위한 첨단 기술들이 지속적으로 연구되고 있다고 설명하였다. 그리고 이러한 자율 주행 기술이 우리 삶에 미치는 영향을 설명하고, 자율 주행 자동차를 보급하기 위해 필요한 요소로 안정성에 대한 신뢰와 도로 교통 시설 마련을 들었다.

주제 확인 이 글은 자율 주행 기술과 자율 주행 자동차가 우리 삶에 미칠 영향, 자율 주행 자동차 보급을 위해 필요한 사회적 여건에 대해 설명하였다.

문제 정답 및 해설 49쪽

1 ⑤

2 ⑤

3 ①

1 자율 주행 자동차가 카메라, 센서, 인공지능 컴퓨터 등 첨단 기술을 활용하여 주변 환경을 인식하고 교통 신호를 확인하면서 그에 맞게 운전하는 것이지 교통 신호를 바꾸는 것은 아니다.

2 1문단에서 자율 주행 자동차는 4차 산업혁명을 맞아 관심을 많이 받는 분야이고, 이 분야에서 여러 기업들이 경쟁하고 있다고 하였다. 2문단에서는 다양한 자율 주행 기술들이 지속적으로 연구되고 있다고 하였다. 그러므로 앞으로 자율 주행 기술이 계속 발전할 것을 예상할 수 있다.

3 3문단에서 자율 주행 자동차가 우리 생활에 미치는 긍정적인 영향, 4문단에서 자율 주행 자동차의 보급에 필요한 사회적 뒷받침을 설명하고 있다. 이로 보아 글쓴이가 자율 주행 자동차 보급에 긍정적인 관점임을 알 수 있다. 운전이 능숙하지 않아도 자동차를 이용할 수 있다는 토론 내용은 자율 주행 자동차의 긍정적인 영향에 해당하므로 글쓴이와 관점이 같다.

오답인 이유
❷~❺ 자율 주행 자동차가 보급될 때 생길 수 있는 문제와 위험성에 대한 내용으로 자율 주행 자동차 보급에 부정적인 관점이 드러난다.

10 ^{예술} 빛으로 지은 건축물

✔ 어휘 체크 50쪽

1 ① 양식 **2** ①
  ② 영향
  ③ 경외감
  ④ 주도적

2 두 문장은 강한 철판을 사용하여 안전한 성질을 크게 하였고, 유명한 연예인이 등장하면 광고의 효과가 커진다는 내용을 담고 있다. '극대화'는 '매우 극(極), 크다 대(大), 되다 화(化)'가 쓰여 아주 커지거나 아주 크게 한다는 의미이다. ②는 '무효화'의 뜻, ③은 '현실화'의 뜻이다.

[독해] 핵심 체크 52쪽

[문단별 핵심 정리]
1 중세 **2** 높게
3 창문 **4** 신

[핵심 내용 구조화]
1 교회 **2** 빛
3 경외감

[주제 확인]
고딕

[문단별 핵심 정리] 1문단에서는 고딕 양식이 나타난 배경, 2문단에서는 고딕 양식 건축물의 구조적 특징, 3문단은 고딕 양식 건축물의 내부적 특징, 4문단은 고딕 양식 건축물이 당시에 미친 종교적 영향과 고딕 양식의 유행을 설명하고 있다.

[핵심 내용 구조화] 이 글에서는 고딕 양식 건축이 등장하게 된 배경을 소개한 뒤, 고딕 양식 건축의 대표적인 특징을 설명하였다. 그리고 그러한 건축적 특징을 통해 당시 사람들에게 고딕 양식 건축이 미친 영향을 설명하였다.

[주제 확인] 고딕 양식의 성당은 종교적인 분위기를 극대화하도록 건축되어 당시 사람들에게 신에 대한 경외감과 열망을 느끼게 하였고 중세 시대의 주도적인 건축 양식이 되었다.

문제 정답 및 해설 53쪽

1 ④

2 ④

3 ②

1 2문단을 통해 창을 크게 만들기 위해서는 건물이 높아야 한다는 것을 알 수 있다. 이와 같은 이유로 고딕 양식으로 지은 건물은 높이가 높다.

2 4문단에서 고딕 양식의 성당은 건물의 높이가 높아 천국에 닿아 있는 느낌을 주었으며, 거대하고 화려한 창문에서 빛이 들어오도록 만들어져 신비감을 주었다고 하였다. 그래서 성당에 방문한 사람들은 자신을 낮추고 신과 천국의 존재에 경외감을 갖게 되었다.

[오답인 이유]
❶ 4문단에서 고딕 양식은 기존 교회의 우울한 분위기를 없앴다고 하였다.
❷ 4문단에서 성당을 방문한 사람들이 자신을 낮추고 신과 천국의 존재에 대한 경외감을 가지게 되었다고 하였다.
❸ 4문단에서 성당이 천국에 닿아 있다는 느낌을 주었다는 내용은 나와 있으나, 성직자만 천국에 갈 수 있다는 믿음을 갖게 했다는 내용은 찾아볼 수 없다.
❺ 4문단에서 고딕 양식은 종교적인 분위기를 극대화했다고 하였다.

3 쾰른 대성당은 고딕 양식을 대표하는 건축물 중 하나이므로 고딕 양식의 건축적 특성을 지니고 있을 것이다. 3문단에서 고딕 양식의 성당 건축물의 창문에는 스테인드글라스가 사용되었으며, 스테인드글라스 창문에는 건축가의 모습이 아닌 성경 속 이야기를 표현했음을 알 수 있다.

54쪽 ~ 55쪽

1 **1** 견제 **2** 청렴 **3** 주도적 **4** 습도, 밀접 **5** 지속적, 보급

2 **1** 임무 **2** 횡포 **3** 정화 **4** 수양 **5** 유형
   6 독립적 **7** 대비

3

1 자동차에 ☐☐☐☐☐ 이 생겨 자동차가 움직이지 않는다.

2 그의 주장을 ☐☐☐☐☐ 할 확실한 증거가 발견되었다.

3 손님의 ☐☐☐☐☐ 한 요구를 사장이 단호하게 거절했다.

4 음식을 만들 때에는 ☐☐☐☐☐ 이 들어가지 않도록 주의해야 한다.

5 한라산을 가까이에서 직접 보니 너무 거대해서 ☐☐☐☐☐ 이 든다.

6 그녀는 이번 선거에서 치열한 경쟁 끝에 국회 의원으로 ☐☐☐☐☐ 되었다.

부당

선출

결함

뒷받침

이물질

경외감

4 ④ ⋯⋯ '극대화'는 '아주 커짐. 아주 크게 함.'이라는 뜻이다. ④의 문장에서는 화재의 피해를 줄이기 위해 빠르게 119에 신고했다는 것이 자연스럽다. 따라서 '극대화' 대신 '최소화'라는 어휘가 어울린다.

2주차

19

11 표준어와 방언

58쪽 ~ 61쪽

✓ 어휘 체크   58쪽

1 ① 우월   **2** ②
   ② 기반
   ③ 정서
   ④ 다양성

2 첫 번째 문장에서는 각 운동이 가진 다른 점에 맞게 운동복을 디자인하였고, 두 번째 문장에서는 다른 악기와는 다르게 피아노만이 가진 다른 점에 맞게 곡을 만들었다는 의미가 담겨 있다. '특색'은 '특별하다 특(特), 빛 색(色)'이 쓰여 '보통의 것과 다른 점.'이라는 뜻이다. ①은 '특정'의 뜻, ③은 '특기'의 뜻이다.

독해 핵심 체크   60쪽

문단별 핵심 정리
1 표준어   **2** 수도
3 방언   **4** 방언

핵심 내용 구조화
1 공용어   **2** 지역
3 의사소통

주제 확인
방언

문단별 핵심 정리 1문단에서 표준어와 방언의 의미를, 2문단에서 표준어의 특성과 가치를, 3문단에서 방언의 특성과 가치를, 4문단에서 표준어와 방언을 대하는 올바른 태도를 설명하고 있다.

핵심 내용 구조화 1문단에서 표준어와 방언의 의미를 제시한 뒤, 2문단과 3문단에서 각각 표준어와 방언의 특성을 구체적으로 설명하면서 표준어와 방언이 지닌 가치를 드러내고 있다.

주제 확인 이 글은 방언의 특성과 가치를 설명한 뒤 방언과 표준어를 모두 소중히 여기는 인식이 필요함을 이야기하며 글을 마무리하고 있다.

문제 정답 및 해설   61쪽

1 ②

2 ⑤

3 ④

1 2문단에서 표준어는 주로 수도 지역의 방언을 기준으로 하며, 우리나라도 서울말을 표준어로 삼고 있다고 하였다. 그러나 서울말이 다른 지역 방언에 비해 우월한 것은 아니라고 하였다.

2 3문단에서 방언은 특정한 지역이나 계층의 사람들이 함께 사용하는 말로, 그 말을 사용하는 사람끼리 친근감을 느낄 수 있다고 하였다. 따라서 서로 다른 방언을 사용하여 대화하면 친밀감을 높일 수 있다는 설명은 적절하지 않다.

3 4문단에서 표준어와 방언은 각각의 역할이 있으므로 표준어와 방언을 모두 소중히 여기는 인식이 필요하다고 하였다. 따라서 ④와 같이 표준어와 방언을 소중히 여기는 태도는 적절하다.

오답인 이유

❶ 3문단에서 방언의 가치를 설명하였고, 4문단에서 표준어와 방언을 모두 소중히 여겨야 한다고 하였다. 따라서 지역 방언 대신 표준어만 사용하라고 권유하는 태도는 적절하지 않다.

❷ 4문단에서 표준어가 방언보다 세련되었다고 여기는 것은 잘못된 태도라고 하였다.

❸ 4문단에서 공식적인 자리에서는 표준어를 사용해야 한다고 하였다. 또한 1문단을 통해 표준어는 국민 누구나가 공통적으로 쓸 수 있게 마련한 공용어임을 알 수 있다.

❺ 2문단에서 표준어인 서울말이 더 우월하다는 것은 아니라고 하였으며, 4문단에서 표준어가 방언보다 우월하다고 여기는 것은 잘못된 태도라고 하였다.

사회 12 합리적 선택이란

✔ 어휘 체크 62쪽

1 ① 욕구
　　② 충족
　　③ 희소
　　④ 대안

2 ③

2 두 문장 모두 형식상이 아니라 실제적인 책임자, 실제적인 도움이라는 의미를 담고 있다. '실질적'은 '열매 실(實), 바탕 질(質), ~하는 것 적(的)'이 쓰여 '꾸밈이나 겉모양이 아닌 속 내용 자체를 이루는 것.'이라는 뜻이다. ①은 '구체적'의 뜻, ②는 '한정적'의 뜻이다.

독해 핵심 체크 64쪽

문단별 핵심 정리
1 희소성　　**2** 선택
3 기회비용　**4** 편익

핵심 내용 구조화
1 자원　　　**2** 선택

주제 확인
합리적

문단별 핵심 정리 1문단에서 자원의 희소성의 의미를, 2문단에서 자원의 희소성과 그로 인해 생기는 선택의 문제를, 3문단에서 기회비용의 의미와 예시를, 4문단에서 합리적 선택을 위해 고려해야 하는 비용과 편익에 대해 이야기하고 있다.

핵심 내용 구조화 1문단에서 자원의 희소성, 2~3문단에서 자원의 희소성으로 인해 발생하는 선택의 문제와 선택 상황에서 발생하는 기회비용, 4문단에서 합리적인 선택을 할 때 고려해야 할 것에 대해 설명하고 있다.

주제 확인 이 글은 합리적인 선택의 필요성과, 합리적인 선택을 위해서는 비용과 편익을 고려하여 가장 큰 만족을 주는 대안을 선택해야 함을 주장하고 있다.

문제 정답 및 해설 65쪽

1 ⑤

2 ④

3 ⑤

1 이 글의 3문단에서 기회비용의 의미를, 1문단에서 자원의 희소성의 의미를, 2문단에서 선택의 문제가 발생하는 이유를, 4문단에서 합리적 선택을 하기 위해 고려할 점을 알 수 있으나, 잘못된 선택을 했을 때 치러야 할 대가에 대해서는 알 수 없다.

2 (나)와 (다)를 통해 자원의 절대적인 양과 상관없이 그것을 갖고 싶어 하는 사람들이 많아지면 희소성이 높아지고, 그 가격도 높아짐을 추측할 수 있다.

오답인 이유
❶ 물은 살기 위해 꼭 필요하지만 다이아몬드보다 가격이 훨씬 싸다. 이 글에서 희소성이 있으면 가격이 올라간다고 하였으므로 다이아몬드가 물보다 희소성이 큼을 짐작할 수 있다.
❷ 이 글을 통해 절대적인 양과 관계없이 그것을 원하는 사람이 많으면 가격이 올라감을 알 수 있으므로, 바나나를 원하는 사람이 망고를 원하는 사람보다 많음을 짐작할 수 있다.
❸ (다)를 통해 동일한 그림이라도 그림을 그린 화가가 유명할 때와 유명하지 않을 때의 그림 가격이 달라짐을 알 수 있다. 이처럼 자원의 희소성은 상황에 따라 달라지기도 한다.
❺ (가)~(다)에서 물, 다이아몬드, 망고, 바나나, 화가의 그림과 같은 자원의 희소성은 자원의 양과 자원을 원하는 사람의 많고 적음에 따라 결정됨을 알 수 있다.

3 이 글에서 글쓴이는 합리적인 선택의 필요성과, 합리적 선택을 하기 위해 비용과 편익을 고려해야 함을 주장하고 있다. 또한 4문단을 통해 좋아 보이는 대안도 비용이 많이 든다면 실질적인 편익이 적기 때문에 합리적 선택이 될 수 없음을 알 수 있다.

13 정전기가 발생하는 이유

66쪽 ~ 69쪽

✓ 어휘 체크 66쪽

1 ① 기승 **2** ③
　② 치명적
　③ 마찰
　④ 적용

2 첫 번째 문장에서는 배가, 두 번째 문장에서는 상품이 못 쓰게 되었음을 짐작할 수 있다. '파손'은 '깨뜨리다 파(破), 덜다 손(損)'이 쓰여, 깨어져 못 쓰게 된다는 의미를 나타낸다. ①은 '출발', ②는 '방해'의 뜻이다.

[독해] 핵심 체크 ✎ 68쪽

[문단별 핵심 정리]

1 정전기 **2** 마찰
3 건조 **4** 산업체

[핵심 내용 구조화]

1 전기 **2** 접지
3 접지선

[주제 확인]

정전기

[문단별 핵심 정리] 1문단에서는 정전기의 의미를, 2문단에서는 정전기의 발생 원리를, 3문단에서는 정전기가 잘 생기는 환경을, 4문단에서는 정전기 피해를 줄이기 위한 산업체의 노력에 대해 이야기하고 있다.

[핵심 내용 구조화] 이 글은 정전기에 대해 설명하는 글이다. 정전기가 어떤 원리로 발생하고, 어떤 환경에서 잘 생기는지를 설명한 뒤 산업체에서 정전기로 인한 사고를 대비하기 위해 어떤 노력을 하는지 나열식으로 설명하고 있다.

[주제 확인] 이 글은 정전기가 무엇인지 알려 주고, 정전기의 발생 원리와 정전기가 잘 생기는 환경, 산업체에서의 정전기의 대비책을 설명하는 글이다.

문제 정답 및 해설 69쪽

1 ②

2 ②

3 ①

1 1문단에서 정전기의 전압은 때로는 수만 볼트에 이르러 번개와 비슷할 정도로 매우 높다고 하였다.

2 3문단에서 정전기는 건조할 때 잘 생기므로 습도가 낮은 겨울철에, 피부가 건조한 사람에게 많이 생긴다고 하였다.

[오답인 이유]

❶ 정전기는 건조할 때 잘 생기므로 보습제를 발라서 피부가 건조하지 않게 관리해 주면 정전기가 덜 생긴다.
❸ 정전기는 습도가 높으면 잘 생기지 않으므로 땀을 많이 흘리는 사람은 정전기가 덜 생긴다.
❹ 여름은 습도도 높고, 온도가 높아 땀이 많이 나는 계절이므로 겨울에 비해 정전기가 덜 생긴다.
❺ 정전기는 습도가 높으면 잘 생기지 않으므로, 가습기를 틀어 습도를 높이면 정전기를 줄일 수 있다.

3 ㉠ '다루는'은 '기계나 기구 따위를 사용하다.'라는 의미로, ①의 '다룬다'가 같은 의미로 쓰였다. ②의 '다룬다'는 '어떤 물건을 사고파는 일을 하다.'라는 뜻으로, ③의 '다루어야'는 '사람이나 짐승 따위를 부리거나 상대하다.'라는 뜻으로, ④와 ⑤의 '다루었다'는 '어떤 것을 소재나 대상으로 삼다.'라는 뜻으로 쓰였다.

✔ 어휘 체크   70쪽

1 1 가상   2 ②
　 2 접목
　 3 추적
　 4 제약

2 첫 번째 문장은 인류의 미래를 내다본다는 의미, 두 번째 문장은 우리 반이 승리할 것이라고 내다본다는 의미를 담고 있다. '전망'은 '펴다 전(展), 바라보다 망(望)'이 쓰여 앞날을 헤아려 내다본다는 뜻이다. ①은 '관심'의 뜻, ③은 '조망'의 뜻이다.

독해 핵심 체크   72쪽

문단별 핵심 정리
1 현실   2 기술
3 문화   4 메타버스

핵심 내용 구조화
1 입체감   2 장갑
3 아바타

주제 확인
메타버스

문단별 핵심 정리 1문단에서는 메타버스의 의미와 개념을, 2문단에서는 메타버스와 관련된 다양한 기술을, 3문단에서는 현재 메타버스를 활용하고 있는 현황을, 4문단에서는 메타버스의 전망을 설명하고 있다.

핵심 내용 구조화 2문단에서 메타버스에 접목된 기술인 3차원 디스플레이 장치, 가상 현실 장갑, 모션 트래킹 시스템에 대해 소개하고, 3문단에서 문화와 경제 등에서 활용되고 있는 메타버스 기술 활용 현황을 설명하고 있다.

주제 확인 메타버스가 다양한 기술을 접목하여 현실과 유사한 체험을 제공함으로써 여러 분야에서 활용되고 있음을 설명하였다.

문제 정답 및 해설   73쪽

1 ④

2 ③

3 ①

1 이 글의 1문단에서는 '메타버스'라는 용어의 의미와 '메타버스'라는 개념이 처음 등장한 시기를, 3문단에서는 메타버스의 활용 현황을, 4문단에서는 메타버스의 전망을 알 수 있다. 이 글에 메타버스로 인해 생겨나는 문제점은 나오지 않는다.

2 2문단에서 메타버스 관련 기술인 3차원 디스플레이 장치, 가상 현실 장갑, 모션 트래킹 기술에 대해 설명하고 있다. 또 3문단에서 가수의 공연을 수천만 명이 동시에 접속하여 즐겼다는 내용이 제시되어 있다. 그러나 ③과 같이 다른 사람의 머릿속으로 들어가 그 사람의 생각을 읽는 것은 가상 세계인 메타버스와 관련이 없다.

오답인 이유
❶ 모션 트래킹 시스템은 사용자의 동작에 따라 아바타가 똑같이 움직이도록 만든다.
❷ 메타버스를 이용해서 공연을 하면 수천만 명이 동시 접속하여 공연을 즐길 수 있다.
❹ 가상 현실 장갑을 손에 끼면 가상 공간에서 아바타가 만지는 물체의 크기나 형태, 온도 등을 사용자가 실제처럼 느낄 수 있다.
❺ 3차원 디스플레이 장치를 머리에 쓰면 장치에서 전달된 영상이 눈을 통해 뇌로 전달되면서 가상 공간과 물건의 입체감을 실제처럼 느낄 수 있다.

3 4문단에서 글쓴이는 메타버스와 관련된 시장의 규모가 점점 커질 것(ㄱ)이며, 메타버스는 다양한 분야에서 폭넓게 활용될 것(ㄴ)이라고 하였다.

15 ^{예술} 환경을 살리는 그린 디자인

✔ 어휘 체크 74쪽

1 ① 강화 **2** ①
  ② 생태
  ③ 회수
  ④ 원칙

2 첫 번째 문장은 날이 더워지면서 쉽게 지쳐서 일이 잘 되지 않는다는 의미, 두 번째 문장은 자동화 시스템은 노력에 비해 좋은 결과를 얻을 수 있도록 해 준다는 의미임을 짐작할 수 있다. '효율'은 '본받다 효(效), 비율 율(率)'이 쓰여 들인 노력과 얻은 결과의 비율을 의미한다. ②는 '성능', ③은 '적응'의 뜻이다.

독해 핵심 체크 76쪽

문단별 핵심 정리

1 환경 **2** 설계
3 가방 **4** 디자인

핵심 내용 구조화

1 재활용 **2** 보호

주제 확인

그린 디자인

문단별 핵심 정리 1문단에서는 그린 디자인의 등장 배경을, 2문단에서는 그린 디자인의 의미를, 3문단에서는 그린 디자인의 사례를, 4문단에서는 그린 디자인의 가치와 필요성을 설명하고 있다.

핵심 내용 구조화 2문단에서 그린 디자인이 무엇인지 설명하고, 4문단에서 환경 문제가 심각한 상황에서 그린 디자인이 어떤 가치를 지니는지를 설명하고 있다.

주제 확인 이 글은 환경 문제가 심각해지면서 등장한 그린 디자인의 의미와 사례를 설명하고, 현대 사회에서 그린 디자인이 지닌 가치를 강조하였다.

문제 정답 및 해설 77쪽

1 ④

2 ②

3 ②

1 2문단에서 그린 디자인은 제품의 설계부터 폐기에 이르는 전 과정에서 환경에 미칠 영향을 고려해 제품을 디자인하는 것이라고 하였다. 제품의 수명이 짧으면 폐기물의 양이 많아져 환경에 안 좋은 영향을 미치므로, 그린 디자인은 제품의 수명이 짧지는 않은지 고려해 제품을 디자인한다.

2 보기 의 피푸백은 자연에서 분해되는 소재로 만들어져, 봉지에 담긴 배설물뿐 아니라 봉지 자체도 4주 안에 비료로 만들어지도록 설계되었다. 이는 자원의 순환과 재생을 고려한 설계에 해당하므로 피푸백은 환경을 고려한 그린 디자인의 사례로 볼 수 있다.

오답인 이유

❶ 피푸백은 사용 후 그대로 땅속에 묻는다고 하였으므로 회수하는 것은 아니다.
❸ 피푸백의 봉지는 식물을 가공해 만들어 자연에서 분해되는 바이오플라스틱 소재로, 자연에서 얻은 소재를 그대로 사용한 것은 아니다.
❹ 피푸백을 만들 때 공해를 일으키지 않는다는 내용은 나타나 있지 않다.
❺ 피푸백의 소재인 바이오플라스틱은 식물을 가공해 만든 것으로, 버려지는 자원을 활용한 것은 아니다.

3 '폐기'는 '못 쓰게 되다 폐(廢), 버리다 기(棄)'가 쓰여 '못 쓰게 된 것을 버림.'이라는 뜻이다. '이미 사용했던 물건을 가공하여 다시 씀.'은 '재활용'의 뜻이다.

1　**1** 기반　　**2** 정서　　**3** 생태　　**4** 기승, 치명적　　**5** 대안, 충족

2　**1** 적용　　**2** 효율　　**3** 추적　　**4** 제약　　**5** 욕구
　　6 실질적　　**7** 다양성

3

1 은행에서 빌려준 돈을 오늘 모두 ☐ 했다.

2 여름에 큰 비가 내려 건물과 도로가 ☐ 되었다.

3 회사는 제품의 경쟁력을 ☐ 하기 위해 노력했다.

4 신발의 바닥과 마룻바닥이 ☐ 하는 소리가 들렸다.

5 그 선수는 신체적 능력이 ☐ 하여 항상 일등을 차지했다.

6 전문가의 ☐ 에 따르면 전기차 시장은 더욱 성장할 것이다.

우월

전망

마찰

파손

회수

강화

4　③ ····· '희소'는 '매우 드물고 적음.'이라는 뜻이다. ③에서 '그 질병'은 대부분의 한국인이 앓고 있는 병이라고 하였으므로 '희소'라는 어휘를 사용하기에 적절하지 않다. ③ 에는 '보통보다 더 자주 있거나 일어나서 쉽게 접할 수 있다.'라는 뜻의 '흔하다'와 같은 어휘를 사용하는 것이 적절하다.

3주차

25

16 로봇의 권리

82쪽 ~ 85쪽

✔ 어휘 체크 82쪽

1 ① 본질적   **2** ②
② 권리
③ 부여
④ 자율적

2 첫 번째 문장은 모든 인간은 법이라는 조건 앞에서 같은 대우를 받아야 한다는 뜻이고, 두 번째 문장은 우리 학교 학생들이 같은 조건 아래에서 시험을 보았다는 뜻이다. '동등'은 '같다 동(同), 등급 등(等)'이 쓰여 등급이나 정도가 같다는 의미이다. ①은 '신중'의 뜻, ③은 '불평등'의 뜻이다.

독해 핵심 체크 84쪽

문단별 핵심 정리

1 인간   **2** 로봇
3 마음   **4** 권리

문단별 핵심 정리 1문단에서 로봇에게 인간의 권리를 주어야 할지에 대한 논의가 이어지고 있음을, 2문단에서 로봇의 권리에 대한 논의가 시작되었음을 설명하였다. 3문단에서 로봇의 권리에 반대하는 입장과 그에 대한 글쓴이의 반박을, 4문단에서 로봇에게 인간과 동등한 권리를 부여하자는 주장을 제시하였다.

핵심 내용 구조화

1 흉내   **2** 로봇

핵심 내용 구조화 3문단에 로봇에게 인간과 동등한 권리를 부여하면 안 된다는 사람들의 주장이 제시되어 있다. 글쓴이는 이러한 주장에 대해 인간답게 느끼고 행동하는 것이 인간이라면 인간답게 행동하는 로봇 역시 인간과 동등한 권리를 가진 존재가 될 수 있다고 반박하였다.

주제 확인

권리

주제 확인 글쓴이는 4문단에서 로봇이 인간답게 행동한다면 로봇에게 인간과 동등한 권리를 부여하고 로봇과 조화롭게 함께 살아야 함을 주장하고 있다.

문제 정답 및 해설 85쪽

1 ③

1 1문단에서 로봇 공학이 발달하면서 로봇이 인간을 닮아 가자 로봇에게도 권리가 있는지에 대해 논의가 일어났다고 하였다.

오답인 이유
❶ 2문단에서 자율적으로 판단하는 능력이 있는 기계들이 많이 생겨나는 현실을 기존 법률 체계가 따라갈 수 없다고 하였다.
❷ 이 글에서 말하는 로봇의 권리에 대한 논의는 로봇에게 인간과 동등한 권리를 주자는 내용이다.
❹ 로봇을 사용할 권리가 아니라 로봇이 인간의 권리를 지녀도 되는가에 대한 논의가 이루어지고 있다고 하였다.
❺ 2문단에서 로봇의 권리에 대한 논의는 유럽 연합 의회가 로봇에게 '전자 인간'의 지위를 부여해야 한다는 결의안을 통과시키면서 시작되었다고 하였다.

2 ⑤

2 ⑤는 글쓴이의 생각과 일치하는 내용으로, 글쓴이는 인간다운 로봇이 등장한다면 로봇에게 인간과 동등한 권리를 부여해야 한다고 생각한다. ①~④는 글쓴이의 생각과 반대되는 의견이다.

3 ④

3 3문단에 로봇이 권리를 가질 수 없다는 주장에 대한 글쓴이의 반박이 나타나 있다. 글쓴이는 인간답게 느끼고 행동하는 존재를 인간이라고 정의하고, 인간답게 행동하는 로봇에게 인간의 권리를 줄 수 있다고 하였다.

17 (사회) 공정한 재판을 위한 제도

86쪽 ~ 89쪽

✔ 어휘 체크   86쪽

1 ❶ 분쟁   **2** ③
     ❷ 공정
     ❸ 간섭
     ❹ 임기

2 두 문장 모두 여러 사람들에게 어떤 사실이나 내용을 널리 알린다는 뜻을 담고 있다. '공개'는 '드러내다 공(公), 열다 개(開)'가 쓰여 어떤 사실이나 내용을 여러 사람에게 널리 터놓는다는 뜻이다. ①은 '규정'의 뜻, ②는 '적용'의 뜻이다.

독해 핵심 체크   88쪽

문단별 핵심 정리
1 재판   **2** 법원
3 공개   **4** 심급
5 제도

핵심 내용 구조화
1 임기   **2** 증거
3 상급

주제 확인
공정

문단별 핵심 정리   1문단은 재판의 정의와 공정한 재판을 위한 다양한 제도의 도입, 2문단은 사법권의 독립 보장, 3문단은 공개 재판주의와 증거 재판주의 원칙, 4문단은 심급 제도, 5문단은 소개한 제도들이 국민에게 미치는 영향과 제도의 필요성에 대하여 설명하고 있다.

핵심 내용 구조화   2문단에서 우리나라는 법원이 외부의 간섭을 받지 않고 운영되도록 규정하였다고 하였다. 3문단에서 공개 재판주의와 증거 재판주의를 설명하였고, 4문단에서 심급 제도에 대해 설명하였다.

주제 확인   이 글은 공정한 재판을 보장하기 위해 우리나라에서 시행하는 사법권의 독립, 공개 재판주의와 증거 재판주의, 심급 제도를 설명하고 있다.

문제 정답 및 해설   89쪽

1 ②

2 ②

3 ⑤

1 4문단에서 우리나라는 법원을 상급 법원과 하급 법원으로 나누었다고 설명하였다.

2 재판은 외부의 간섭 없이 법을 바탕으로 공정하게 시행되어야 한다. 그래서 우리나라는 사법권이 있는 법원이 여론이나 다른 국가 기관과 같은 외부의 간섭을 받지 않도록 하고 있다.

3 【보기】의 사례에서는 재판이 비공개로 이루어졌고, 확실하지 않은 증거를 바탕으로 법관들이 잘못된 판결을 내렸다.

오답인 이유
❶, ❷ 법관들은 글씨체가 비슷하다는 확실하지 않은 증거를 바탕으로 잘못된 판단을 내렸다. 【보기】의 내용으로 보아 양심이나 외부의 간섭이 판결에 영향을 미치지는 않았다.
❸ 드레퓌스의 재판은 비공개로 열렸다고 하였다.
❹ 법관 7명 모두 드레퓌스가 유죄라는 판결을 내렸다고 하였다.

보기 ∞ 돋보기
이 사건은 드레퓌스의 무죄를 증명하는 새로운 자료가 발견되고 진범이 나타나면서 정치적, 사회적 문제로 발전하였다. 1906년에 드레퓌스의 무죄가 확정되었으나 프랑스군은 이를 인정하지 않았다. 1995년에 프랑스군은 100년 만에 드레퓌스가 무죄임을 공식적으로 인정하였다.

18 확산과 증발

과학

✔ 어휘 체크　　　90쪽

1 　**1** 증거　　　**2** ③
　　2 기체
　　3 액체
　　4 표면

2 '현상' 앞에 '황사'라는 내용이나 '이곳저곳에서 차가 막'힌다는 내용이 있는 것으로 보아 '현상'은 '인간이 알아서 깨달을 수 있는, 사물의 모양과 상태.'라는 뜻임을 짐작할 수 있다. '현상'은 '나타나다 현(現), 모양 상(象)'이 쓰인다. ①은 '태도'의 뜻, ②는 '변화'의 뜻이다.

독해 핵심 체크　　　92쪽

문단별 핵심 정리

1 확산　　　**2** 온도
3 증발　　　**4** 표면

핵심 내용 구조화

1 입자　　　**2** 기체

주제 확인

입자

문단별 핵심 정리 1문단은 입자의 운동을 설명하고, 입자가 운동하는 증거로 확산 현상과 확산의 예를 들었다. 2문단은 확산이 빨리 일어나는 조건을, 3문단은 증발 현상과 증발의 예를, 4문단은 증발이 빨리 일어나는 조건을 설명하였다.

핵심 내용 구조화 1문단에서 확산을 설명한 후, 2문단에서 온도가 높을수록 확산이 빠르게 일어난다고 하였다. 3문단에서 증발이 무엇인지 설명한 후, 4문단에서 온도가 높고 액체의 표면적이 넓을수록 증발이 빠르게 일어난다고 하였다.

주제 확인 이 글은 물질의 구성하는 입자가 스스로 움직여 일어나는 현상인 확산과 증발의 개념을 설명하고, 그 예를 제시하였다.

문제 정답 및 해설　　　93쪽

1 ①

2 ③

3 ①

1 1문단에서 물질은 아주 작은 입자로 이루어져 있고 이 입자들이 스스로 운동하기 때문에 확산과 증발이라는 현상이 일어난다고 하였다.

　오답인 이유
❷ 3문단에서 액체인 바닷물, 강물이 증발하여 기체가 된다고 하였다.
❸ 입자는 아주 작은 알갱이로 눈으로 보기 어렵다. 1문단에서 입자가 움직이는 증거로 제시한, 향수 냄새나 음색 냄새가 퍼지는 것 또한 눈으로 볼 수 없다.
❹ 4문단에서 액체 표면이 넓을수록 증발이 빠르게 일어난다고 하였다.
❺ 2문단에서 온도가 높을수록 입자의 움직임이 활발하게 일어난다고 하였다.

2 옆집의 고기 냄새가 퍼지는 것은 입자가 스스로 움직여 퍼져 나가는 현상인 확산을 보여 주는 예이다.

　오답인 이유
❶, ❷, ❹, ❺ 증발의 예로, 증발은 입자들이 스스로 움직여 액체 표면에서 떨어져 나와 공기 중으로 날아가 기체로 변하는 현상이다.

3 2문단과 4문단에서 온도가 높을수록 입자의 운동이 활발해진다고 했으므로 보일러를 켜서 온도를 높이면 해로운 물질이 빠르게 증발되어 공기 중으로 퍼지게 된다. 이때 문을 열어 환기를 시키면 해로운 물질을 집 밖으로 내보낼 수 있다.

19 기술 체지방을 측정하는 방법

94쪽 ~ 97쪽

✓ 어휘 체크 　　94쪽

1 1 축적　　**2** ②
　　2 이상
　　3 추정
　　4 한계

2 두 문장 모두 모자라거나 부족한 것을 보충하여 더 좋게 한다는 의미를 담고 있다. '보완'은 '돕다 보(補), 완전하다 완(完)'이 쓰여 모자라거나 부족한 것을 보충하여 완전하게 한다는 의미를 나타낸다. ①은 '강화'의 뜻, ③은 '측정'의 뜻이다.

독해 핵심 체크 　　96쪽

문단별 핵심 정리
1 체지방　　2 키
3 피부두겹법　　4 전류

핵심 내용 구조화
1 체중　　2 지방
3 수분

주제 확인
체지방

문단별 핵심 정리 1문단은 체지방의 역할과 체지방을 조절해야 하는 이유, 2문단은 체질량 지수를 구하는 방법과 그 한계, 3문단은 피부두겹법의 방법과 그 한계, 4문단은 체지방 측정기의 측정 원리와 그 한계를 설명하고 있다.

핵심 내용 구조화 2문단에서 체질량 지수, 3문단에서 피부두겹법, 4문단에서 체지방 측정기를 활용하여 체지방을 측정하는 방법과 각 방법의 한계점에 대해 설명하고 있다.

주제 확인 이 글에서는 체지방이 우리 몸에서 어떤 역할을 하는지 설명하고, 체지방을 조절하려고 할 때 사용할 수 있는 체지방 측정 방법과 각 방법의 한계를 설명하고 있다.

문제 정답 및 해설 　　97쪽

1 ⑤

2 ②

3 ③

1 4문단에서 우리 몸속 수분은 전기가 잘 통하며, 근육 세포에는 수분이 많아서 전기가 잘 통한다고 하였지만 근육 세포에 왜 수분이 많은지는 설명하지 않았다.

2 체질량 지수는 체지방과 관련성이 높은 수치지만, 체지방량을 정확히 측정하지는 못한다. 체지방량과 근육량을 각각 측정할 수 있는 방법은 체지방 측정기를 활용하는 것이다.

오답인 이유
❶ 체질량 지수는 체중을 키의 제곱으로 나눈 것이므로 두 수치를 알면 구할 수 있다.
❸ 피부두겹법은 캘리퍼스라는 도구로 피부 및 지방의 두께를 재는 방법이다.
❹ 체질량 지수는 지방과 근육을 구분하지 않고 체중만으로 계산하기 때문에 지방은 적고 근육이 많은 사람도 체중이 많이 나가면 비만으로 분류될 수 있다.
❺ 체지방 측정기는 몸속 수분의 정도에 따라 수치가 다르게 나올 수 있으므로 일정한 시간과 조건에서 사용해야 한다.

3 '측정하다'는 '일정한 양을 기준으로 하여 같은 종류의 다른 양의 크기를 잰다.'라는 뜻이다. 또한 '기계나 장치를 사용하여 잰다.'라는 뜻도 지니고 있다. 그러므로 ⓒ는 '잴'로 바꾸어 쓸 수 있다.

20 ^{예술} 사진작가의 힘

98쪽 ~ 101쪽

✓ 어휘 체크   98쪽

1 1 섬세   **2** ②
  2 관찰
  3 부각
  4 재현

2 첫 번째 문장은 가족이 대화하여 의견을 나누고, 두 번째 문장은 영어를 사용하여 외국인과 생각을 나눈다는 의미로, '소통'은 뜻이 서로 통한다는 의미임을 알 수 있다. '소통'은 '소통하다 소(疏), 통하다 통(通)'이 쓰여 뜻이 서로 통하여 오해가 없다는 뜻이다. ①은 '교환'의 뜻, ③은 '만나다'의 뜻이다.

독해 핵심 체크   100쪽

문단별 핵심 정리
1 카메라   2 관찰
3 부각   4 순간
5 소통

핵심 내용 구조화
1 존재   2 선택

주제 확인
사진

문단별 핵심 정리 1문단은 카메라라는 기계 장치로 사진작가가 현실을 선택하여 담아내는 사진의 특성을 제시하고, 2~5문단은 이러한 사진의 특성에 따라 사진작가에게 필요한 능력을 설명하였다.

핵심 내용 구조화 2문단에서는 대상을 관찰하는 능력을, 3문단에서는 대상의 존재를 부각하는 능력을, 4문단에서는 결정적인 순간을 선택하는 능력을, 5문단에서는 사진을 통한 소통을 이끌어 내는 능력을 차례로 설명하고 있다.

주제 확인 이 글은 현실에서 일부 이미지만을 선택하여 담아내는 사진의 특성을 설명하고, 사진작가가 가져야 하는 능력을 네 가지로 나누어 제시하고 있다.

문제 정답 및 해설   101쪽

1 ③

2 ⑤

3 ⑤

1 1문단에서 사진은 그림처럼 화가가 붓을 들고 종이에 그림을 그리거나 조각처럼 정과 망치를 들고 돌을 깎아 작품을 만들어 낸 것이 아니라고 하였다. 사진은 사진작가가 카메라라는 기계 장치를 사용해 만든다.

2 사진작가는 대상을 끊임없이 관찰하고, 대상의 존재를 부각하며, 대상의 결정적인 순간을 선택하고, 사진을 통한 소통을 자연스럽게 이끌어 내는 능력을 갖춰야 함을 알 수 있다. 4문단에서 대상의 한 순간이 사진에 남게 되고, 5문단에서 사진은 대상의 상태와 상황을 재현한다고 하였으므로 ⑤는 적절하지 않다.

3 1문단의 내용으로 보아, 사진은 카메라를 통해 현실을 섬세하고 사실적으로 담아내면서도 동시에 사진작가가 선택한 현실만을 담아낸다는 특징이 있다는 것을 알 수 있다.

오답인 이유
❶ 사진은 현실을 사진작가가 선택해서 담은 것이지 거짓으로 만든 것은 아니다.
❷ 이 글에서는 사진은 그림·조각과 다른 방법으로 만들어지는 예술 작품이라고 보고 있다.
❸ 사진작가가 대상을 선택하고 어떤 의미를 담느냐에 따라 사진의 결과물이 달라진다.
❹ 사진에 대상의 의미를 담아야 하기 때문에 사진작가는 대상을 관찰해야 한다고 하였다.

30

1 ①표면 ②관찰 ③추정 ④동등, 공정 ⑤재현, 공개

2 ①임기 ②증거 ③축적 ④부각 ⑤한계
⑥본질적 ⑦기체

3

① 사람들은 주로 말과 몸짓으로 서로의 의견을 [   ]한다.

② 두 나라의 영토를 둘러싼 [   ]이 전쟁으로 이어졌다.

③ 법원은 다른 국가 기관의 [   ]을 받지 않는다.

④ 열대야 [   ] 때문에 많은 사람들이 잠들기 어려워하고 있다.

⑤ 이순신 장군에게 왜적의 침입을 막으라는 중대한 임무가 [   ]됐다.

⑥ 모든 사람은 법 앞에서 평등할 [   ]가 있다.

권리

분쟁

소통

부여

현상

간섭

4 ⑤ ····· ⑤의 '섬세하다'는 매우 꼼꼼하고 차분하며 자세하다는 뜻이다. 주변 사람에게 전혀 신경 쓰지 않는다는 것과 성격이 섬세한 것은 어울리지 않는다.

메모는 여기에!